Carsten Freytag

# Die Leiden des jungen Paul N`Dabe

Roman

# 1

Sehr schnell brach die Dunkelheit im Tschad ein. Um 17 Uhr, noch bevor Achta N'Dabe die Hirse im steinernen Mörser zu ihrer eigenen Befriedigung im kleinen, staubigen Hof der kleinen Hütte am Rande N'Djamenas zu einer pulvrigen Masse zerstampft hatte, war die Sonne am fernen Horizont versunken. Den ganzen Tag stöhnte N'Djamena unter der 40 Grad heißen Märzsonne, die die Hütten der Bewohner des südlichen Stadtrands erbarmungslos aufheizten, so dass auch abends keine Erleichterung zu verspüren war. Und so würden sie auch heute wieder ihre Schlafstellen draußen in dem kleinen Hof aufbauen müssen. Zum Glück hatte es dieses Mal keinen Wüstensturm außerhalb der Hauptstadt gegeben, so dass Achta N'Dabe sich die schrecklich mühselige Arbeit ersparen konnte, den feinen Wüstensand, der in der Trockenzeit zum Leidwesen Achtas zu oft vom Erg du Djourab in die südliche Richtung wehte, aus der Hütte zu fegen. Verärgert darüber, nicht vor Einbruch der Dunkelheit mit der Tätigkeit fertig geworden zu sein, ergriff sie das steinerne Gefäß mit dem kostbaren Inhalt und schlurfte mit schweren Schritten ins Haus, um dort das Abendessen für ihren Mann und für ihren einzigen Sohn zuzubereiten, der auf einer Strohmatte auf dem Boden saß und trotz seiner inneren Unruhe, die von Tag zu Tag zunahm, versuchte, seine Hausaufgaben gewissenhaft zu verrichten. Morgen war der Tag, der sein Leben verändern würde. Bei dem Gedanken an den nächsten Tag, der so viel Ungewisses mit sich bringen würde, legte Paul sein Schreibheft beunruhigt zur Seite und schaute seine Mutter an.

„Wird es sehr schlimm werden, Mutter?"

Achta wandte sich von ihrer Arbeit ab und schaute ihren Sohn mitleidsvoll an, wusste sie doch, wie sehr Paul die Prüfung belastete, die morgen beginnen sollte.

„Du musst jetzt tapfer sein, Paul. Die nächsten Tage werden für dich nicht einfach sein. Aber du wirst als Mann zu uns zurückkommen."

„Ich habe Angst vor der Prüfung."

„Ich weiß, wie du dich jetzt fühlst, aber als Sara musst du dich dieser Prüfung unterziehen."

"Aber wieso? Wir leben nicht in einem kleinen, abgeschiedenen Dorf, wo sich die Zeiten schwerlich ändern, aber hier in N'Djamena ist doch das yondo überholt."

„Aber auch in N'Djamena bist du immer noch ein *koy*, ein Kind, das in der weiblichen, mütterlichen Welt gefangen ist. Um in die Welt der Männer einzukehren, musst du das *yondo* über dich ergehen lassen."

Missmutig schaute Paul auf sein Schreibheft und konzentrierte sich auf seinen Hausaufgaben, die ihm vielleicht helfen würden, seine Angst für einige Zeit zu verdrängen.

Paul N' Dabe war sechzehn Jahre alt und sollte in wenigen Monaten die Schule beenden. Obwohl es den N' Dabes für tschadische Verhältnisse recht gut ging, war kein Geld vorhanden, um Paul die Freiheiten eines sorglosen Schullebens weiter zu finanzieren. Sein Vater brauchte seinen Sohn dringender denn je in der kleinen Autowerkstatt, die er von einem französischen Ehepaar übernommen hatte, für die er nach dem Verlassen seines Heimatdorfes Onoko sechs Jahre gearbeitet hatte. Kenem N'Dabe hatte mit 19 Jahren sein Heimatdorf nach seiner Heirat mit Achta verlassen, da der Fischfang im Chari, von dem seine Vater die Familie ernährte, nicht mehr genug zum Leben gab. Zu viele Dürreperioden, die bis in den Süden des Tschads vordrangen, hatten den Fluss zu einem kleinen Rinnsal verkümmern lassen. Kenem gehörte zum

Volksstamm der Sara, doch obwohl das 140 Kilometer südlich der Hauptstadt gelegene Dorf mit seinen charakteristischen Kegeldachhäusern aus luftgetrockneten Ziegeln und strohbedeckten Kuppeldächern der traditionellen Bauweise der Sara entsprach, war Kenem und auch seine Frau Achta aufgrund des Einflusses katholischer Missionare in dem Gebiet weitgehend europäisiert. Kenem trug schon lange nicht mehr das Hüftfell, die traditionelle Kleidung der Sara, sondern genoss es, in Jeans und Baumwollhemd herumzustolzieren, die sein Vater dann und wann auf einem der Märkte gekauft hatte. Seine Frau hatte sich ebenfalls von den traditionellen Lebensgewohnheiten der Sara entfernt und trug nicht mehr, zur Erleichterung Kenems, die runden, wulstigen Lippenscheiben, die den Frauen in früher Kindheit in den Mund eingepflanzt wurden und die Lippen wie ein Schnabel weit nach vorne ausdehnten, um so die Frauen in ihrer beraubten Attraktivität vor den Sklavenhändlern zu schützen. Die Sklavenhändler gingen. Und eine andere Gefahr bedrohte die Existenz des Stammes - die Ausbeutung der Sara durch die französischen Herrscher und Verwalter des Kolonialreichs. Kein anderer Stamm im Tschad wurde häufiger als Dienstleistungsträger benutzt als die "*belle race*". Als Diener und Laufbursche im Verwaltungsapparat der Kolonialisten, als Kanonenfutter für die französische Armee und nicht zuletzt zur billigen Arbeitskraft der französischen Baumwollexporteure reduziert, verlor der Stamm zunehmend seine dörfliche Individualität und Identität, diente doch der Häuptling und jeder einzelne des Dorfes nicht mehr uneingeschränkt den Mitgliedern eines Stammes, sondern den Interessen der Baumwollplantagenbesitzern. Sie waren die Unterklasse im kolonialistischen Tschad. Kenems Vater war froh, Fischer zu sein. Er musste nicht befürchten, sich irgendwann dem Diktat der Weißen unterwerfen zu müssen, denn seine im Fischernetz zappelnde Beute interessierte keinen französischen Kolonialisten. Und so genoss er das Gefühl der Unabhängigkeit, ein Gefühl, das ihn schon einige Male über die magere Ausbeute eines Fangs hinweggetröstet hatte.

Zu Hause sprach die Familie die Sprache ihres Volkes - Sara -, doch sein Vater hatte während der französischen Kolonialherrschaft nicht nur Französisch gelernt und die Fremdsprache an seinen Sohn weitergegeben, er hatte sich bereits in frühen Jahren auch zum Christentum bekannt, obwohl der uralte Glaube an Geister und ihren magischen Kräften hin und wieder zum Vorschein kam und einen Gewissenskonflikt hinsichtlich der christlichen Glaubensstärke in ihm auslöste. Doch Kenems Vater war ein guter Mensch, der vorausschauend dachte. Und obwohl es ihm sehr schmerzte, seinen Sohn davonziehen zu sehen, wusste er, dass dies die einzig richtige Entscheidung war. Mit ein wenig Glück konnte Kenem mit seiner Frau in N'Djamena eine Existenz aufbauen.

N'Djamena war wie Chicago im 19 Jahrhundert ein Magnet für viele Menschen, deren Hoffnung es war, in der Hauptstadt Arbeit und Brot für eine glücklichere Zukunft zu finden. Die Stadt wuchs schnell heran. Das europäisierte, luxuriöse Regierungs- und Wirtschaftsviertel mit modernen, klimatisierten Häusern lag am Ufer des Chari. Schattenspendende Bäume säumten die breit angelegten Straßen am Place de l'Étoile, der parallel zur Avenue de Charles de Gaulle ausgerichtet war. In diesem wohlhabenden Viertel waren die Hotels der oberen Kategorie angesiedelt, doch wehe dem, der auf dem Weg zum Novotel die Abfahrt im Kreisverkehr verpasste und in die Straße zum Hauptquartier des Militärs einbog. Nicht selten riskierte der Reisende damit sein Leben, war es bei den Wachtposten doch zur Gewohnheit geworden, jedes ihnen unangemeldete Gefährt aus rein prophylaktischen Gründen als Übungsziel ihrer

Schießübungen zu missbrauchen. Die Nerven des Militärpersonals lagen blank. Die Angst vor einer Rückeroberung der Stadt war groß. N'Djamena war eine arme Stadt, die aufgrund der jahrelangen Unruhen nicht die Chance hatte, sich mit Insignien einer Landeshauptstadt zu schmücken. Es war eine Stadt der Zerrissenheit, die in die jeweiligen ethnischen Viertel aufgeteilt war. Die Lebensader der Stadt, die Avenue Charles de Gaulle, verlief entlang des arabischen Viertels, das sich nördlich der Avenue im Bereich der Avenue Nimeiry und dem Boulevard de 40 Metres ausbreitete. Vor der Kulisse der steil aufragenden Minaretttürme der Großen Moschee wurde auf dem gegenüberliegenden Grand Marché ein reger Handel betrieben, wo Bauern, Viehzüchter, Händler und Handwerker ihre exotischen Früchte, Gewürze, bunte Stoffe, Silber - und Goldschmuck und andere Kunsthandwerke feilboten. Hier spiegelte sich die ethische Vielfalt der Völker des Tschads deutlich wieder, wo die Stämme der Tubu, Haussa, Kanuri und der Sara zum Handel zusammenkamen.

Einige Kilometer weiter südlich der Avenue de Charles de Gaulle lag das nicht-muslimische Viertel derjenigen, die aus dem Süden des Tschads nach N'Djamena gezogen waren. Im Gegensatz zum arabischen Viertel ging es hier nachts hoch her. In den lauten, von den Klängen afrikanischer Popmusik erfüllten Kneipen, die von Prostituierten und französischen Soldaten besucht wurden, floss das Bier in Strömen. Hier, südlich der Avenue Charles de Gaulle, in einem ruhigeren Teil des Chagoua Viertels, hatte sich auch Kenem N'Dabe, nicht weit entfernt vom gare routière, der Busstation, niedergelassen, weit genug entfernt vom Kampfgebiet des Regierungsviertels. N'Djamena war nicht nur ein Magnet für die armen Menschen des Landes. Wie das Licht die Motten zog besonders das Regierungsviertel der Hauptstadt alle rebellischen Diktatoren an, die bestrebt waren, die Macht in einem der ärmsten Länder der Welt zu erobern, denn wer Herr über die Stadt war, war Herrscher über das ganze Land.

Noch regierte seit der Unabhängigkeit des Landes Ministerpräsident Tombalbaye, ein Sara und Christ, das Land, der mit allen unchristlichen Mitteln versuchte, die politische Vorherrschaft des Südens gegenüber dem arabisierten Norden und der von Libyen unterstützten Nationalen Befreiungsfront, die zunehmend Guerillaangriffe gegen seine Regierungstruppen führte, zu behaupten. Die Frolinat verfolgte das eiserne Ziel, das von Frankreich unterstützte Regime im reichen Süden mit allen Mitteln zu stürzen. Der Süden, in den fruchtbareren Flussregionen des Logones und Charis gelegen, das Baumwolle als das einzig lohnenswerte Exporterzeugnis hervorbrachte, war der nützliche Tschad, der Tschad *utile*, wie die französischen Kolonisatoren diesen Teil des Landes nannten, das es so sehr abhob von dem verwüsteten unfruchtbaren Norden, wo die Tubus in der Steinwüste des Tibestis ein karges, abgeschiedenes Leben lebten und wo vereinzelte Oasen mit ihren grünen Dattelpalmen und roten Orangenhainen im gelbgrauen Meer windverwehter Sanddünen des Erg du Djourab Leben spendeten.

Und sie hatten das Glück des Tüchtigen. Dem Schicksal verdankten sie es, das Ehepaar Rioual kennen gelernt zu haben, die eine kleine, beinah bedächtig anmutende Autowerkstatt im Süden der Stadt in einer kleinen Straße in der Nähe der Avenue Mobutu besaßen und froh waren, wenn eines der klapprigen Autos in N'Djamena eine Reparatur bedurfte. Und glücklich waren die Riouals, wenn sie per Zufall ein passendes Ersatzteil für ein französisches Auto auf Lager hatten. Es war reiner Zufall, dass Kenem N'Dabe auf der täglichen Suche nach Arbeit auf einem der Fischerboote an einem Sonntagnachmittag am Ufer des Logones entlang schlenderte, als er die verzweifelten Hilfeschreie eines Kindes hörte. Schnell erfasste er die Situation. Für einen guten Schwimmer, wie Kenem es war, bedurfte es keiner Heldentat, den kleinen zweijährigen Blondschopf aus dem nur zwei Meter tiefen Wasser des Logones herauszufischen. Und noch bevor die Eltern reagieren konnten, hatten sie den niedlichen kleinen blonden Jungen, der so sehr kontrastierte zum tiefdunklen Schwarz Kenems, in ihren Armen und schauten verblüfft in das freundlich lächelnde Gesicht Kenems, dessen perlweißen Zähne wie Diamanten im Sonnenlicht hell funkelten. Und so ergab es sich, dass Kenem nicht nur am richtigen Ort zur richtigen Zeit war, um den Sohn zu retten, es war auch der richtige Zeitpunkt für ein Gespräch mit den Riouals, die seit geraumer Zeit eine billige, aber tüchtige Verstärkung für ihre Werkstatt suchten. Ein Wort wechselte das andere und letztendlich überzeugte Kenems herzerfrischende Offenheit in Verbindung mit seinen erstaunlich guten Französischkenntnissen Henri Rioual, den richtigen Mann gefunden zu haben. Das Glück war auf Kenems Seite.

Sechs Jahre arbeitete Kenem bei den Riouals, war ihnen treu ergeben, und sah Pierre, den Sohn der Riouals, der auf die französische Schule in N'Djamena ging, heranwachsen. Kenem lernte alles, was die Reparatur eines Autos umfasste, und er war unbändig stolz, wenn er einen defekten Motor mit einem triumphierenden Jubelgeschrei wieder in Gang setzen konnte. Und jedes Mal stand er andächtig vor dem zum neuen Leben erweckten, vibrierenden Motor und hörte, nachdem er um den Patienten herumgelaufen war, still dem Brummeln des Auspuffrohres zu, als ob süße Musik des Londoner Symphonie Orchester die kleine, beinah gemütliche Werkstatthalle erfüllte. Und nur Henri Riouals wiederholte Rufe - "Stell den Motor ab!" - zerstörten Kenems erhabenes Gefühl, Herr über die Technik zu sein. Doch auch in den Momenten intensivster Glückgefühle und im Bewusstsein, eine Aufgabe im Leben erhalten zu haben, die ihn erfüllte und seinem Leben einen Sinn gab, vergaß er niemals, wem er diese außergewöhnliche Position zu verdanken hatte. Für die Riouals hätte er sein Leben gegeben.

Umso mehr erschütterte Kenem die Entscheidung Henris und seiner Frau, den Tschad zu verlassen, auch des Jungen wegen, als die Unruhen im Tschad größere Ausmaße erreichten. Die Geiselnahme zweier Franzosen durch den Rebellenführer Hissein Habré beunruhigte die Familie sehr. War es noch sicher, als französischer Staatsbürger im Tschad zu leben? Könnte nicht auch Pierre, ihr Sohn, eines Tages von Anhängern der Frolinat entführt werden, um mit dem blutgefärbten Zeigefinger der Rebellen die Aufmerksamkeit der Weltöffentlichkeit auf den Machtkampf im armen Tschad zu lenken? Immer wieder verschwanden Zivilisten auf geheimnisvolle Weise und tauchten nie wieder auf. Und immer wieder glitten dann und wann auf dem Chari, wenn das Wasser hoch stand, aufgeblähte, bis zur Unkenntlichkeit zerstückelte Leichen, teilweise in Säcke verpackt, am Ufer vorbei und verfingen sich irgendwann im Schilf. Woher sie kamen? Wer sie waren? Niemand konnte, niemand wollte es wissen.

Als französische Kolonie war das Leben noch sicher im Tschad. Aber zu jener Zeit herrschte Chaos im Armenhaus Afrikas. Und die Machtübernahme des despotischen Generals Malloums, der den Kampf mit den Guerillakämpfer unerbittlich weiterführte, war nichts anderes als die Ersetzung der diktatorischen Zivilregierung Tombalbayes durch eine genauso brutal vorgehende Militärregierung. Und hatte nicht das Militär uneingeschränkte Immunität vor Strafverfolgung? Waren sie nicht Geschworene, Richter und Henker zugleich? Und wie würde es weitergehen? Würde sich Malloum gegen die vordrängende Nationale Befreiungsfront behaupten, die mehr und mehr Dörfer im Norden des Tschads eroberte? Für Henri Rioual war klar, es herrschte ein Bürgerkrieg zwischen dem Norden und dem Süden, der nicht so einfach gelöst werden würde. Und die Gunst der Stunde nutzend, hatte Libyen unter der selbstherrlichen Führung Ghadhafis zudem den nördlichen Streifen des Tschads besetzt, wurden doch Öl und Uranvorkommen im Aozoustreifen vermutet. Nein, es war Zeit, das Land zu verlassen. Und so wurde Kenem N'Dabe 1976 mit einem kleinen Kredit der Banque Tchadienne Besitzer einer kleinen Autowerkstatt, die er nun seit elf Jahren gewissenhaft führte, in der Hoffnung, dass irgendwann sein Sohn die Werkstatt übernehmen würde. Pauls Vater war nicht reich, aber er hatte ein regelmäßiges Einkommen, denn es gab nicht eine Woche, in der nicht ein Auto mit defektem Auspuff oder gebrochener Achse in der Halle stand, und Kenem wünschte sich, dass niemals jemand auf die Idee kommen sollte, die Straßen durchgängig zu asphaltieren, wie sie es in Europa machten. Zu ihm kamen Kunden aller Couleur. Er wurde geschätzt für seine freundliche Bedienung. Selten sah man Kenem ohne sein heiteres Lächeln auf den Lippen, obwohl es anfangs Zeiten gab, als er Angst verspürte, arabische Kunden zu bedienen, die ihn verächtlich einen *nasrani*, einen Christen, nannten. Und er wünschte sich in diesen Augenblicken, mit den Riouals das Land verlassen zu haben.

1979, drei Jahre nach dem Abschied der Riouals, war die politische Herrschaft des Südens und die Dominanz der Sara zerbrochen. Malloum musste nach verlorenem Kampf mit den Streitkräften des Nordens unter der Führung Habrés das Land verlassen. Er hinterließ einen Scherbenhaufen. Doch wer gedacht hatte, dass nun endlich Ruhe und Frieden im Tschad einkehren würde, der wurde schnell enttäuscht, denn jetzt begann erst der Kampf um die politische Vorherrschaft zwischen Queddei und Habrè, zwei ehemals Verbündete im gemeinsamen Widerstand gegen Tombalbaye und Malloum, aber nun erbitterte Feinde im Gerangel um den Präsidentenposten. Und so begann ein Krieg, der sich zwei Jahre hinzog. Verlor Habré seine Vormachtstellung 1980 durch die Intervention Ghadhafis zugunsten Queddei, der mit seinen libyschen Truppen zur Beunruhigung aller Christen in N'Djamena einmarschiert war, so gewann er sie auch bald mit Numeiris sudanesischer und amerikanischer Hilfe zurück und führte seit 1982 mit der militärischen Unterstützung Frankreichs, die ihn vor der Rückeroberung durch Queddeis Truppen bewahrte, ein blutiges Terrorregime, das der Willkür im Staat Tür und Tor geöffnet hatte. Doch noch immer kam das arme Land nicht zur Ruhe. Ein Land, das nur achtzig Ärzte, 500 Telefonanschlüsse außerhalb der Hauptstadt und trotz der doppelten Größe Frankreichs nur 500 Kilometer geteerte Straßen hatte, wobei neun Zehntel dieser komfortablen Straßen im Süden des Landes lagen, wurde allmählich in dem Bürgerkrieg zerrissen und raubte dem Land die Kräfte, die für einen wirtschaftlichen Aufbau vonnöten wäre. So besetzten vier Jahre nach Habré Machtergreifung immer noch libysche Truppen den Norden des Tschads und ein französisches Truppenkontingent, das in den Tschad zur Unterstützung Habré entsandt worden war, hatte das Ziel, ein Vorstoß Libyens über den 16. Breitengrad zu verhindern. Für Habré war die Okkupation des Nordens durch Libyen, besonders aber die Okkupation seiner Geburtsstadt Faya-Largeau, ein Dorn im Auge. Eine unerträgliche Situation, die im neu begonnenen Jahr endlich militärisch bereinigt werden sollte.

Kenem jedoch führte erstaunlicher Weise ein ruhiges Leben in den Wirren des Krieges. Nur 1979, als es in N'Djamena schwere Kämpfe zwischen Malloums Truppen und Habrés Streitkräften des Nordens wüteten, war Kenem besorgt um sein Geschäft und um das Leben seiner Familie, die die Stadt ohne ihn verlassen hatte. Es stand sehr schlimm für die Christen und Heiden des Südens, denn Habré, der zunehmend die Oberhand gewann, kannte kein Erbarmen und schoss auf alle „Südisten", auf Kinder und auf Frauen. Kenem saß zusammengehockt in seinem Versteck unter dem Fußboden seiner Werkstatt, dem dumpfen Wummern der noch weit entfernten Granatwerfer lauschend, bedacht, mit seinem kleinen Messer in der verkrampften Hand, das Geschäft vor Plünderern zu schützen. Doch niemand aus der führerlosen Horde, die an Kenems kleiner unscheinbarer Werkstatt grölend vorbeizog, kam auf die Idee, Kenems wertvollstes Heiligtum zu besuchen. Und die Granaten, die in unregelmäßigen Abständen auf die Gebäude im Regierungsbezirk von N'Djamena einschlugen, verfehlten konsequent die kleine Werkstatt, als ob die Rebellen wussten, dass hier ein anständiger Mensch eine Arbeit verrichtete, die auch ihnen eines Tages zugutekommen würde. Nach zwei Wochen, als die Kämpfe abgeklungen waren, verließ Kenem sein Versteck. Was er sah, erschütterte ihn zutiefst. Noch immer lagen die von der Tropensonne ausgedörrten Leichen in der Mittagshitze auf den Straßen, von Hunden und Geiern umgeben, die sich die Beute, Überreste ehemals menschlicher Wesen, strittig machten. An einer Straßenecke lag ein schwarz verbrannter Körper, die verkohlten Arme wie eine Salzsäule zum Himmel gestreckt, als wollte er Gott um Gnade bitten Die Häuserfassaden waren geschwärzt von den Bränden der letzten Tage, die katholische Mission war nur noch eine Ruine. Mit Tränen in den Augen lief Kenem mit bangen Herzen zu seiner Hütte. Doch sie stand unberührt am Rande der Stadt. Erst nach vielen Wochen, nachdem sich die Lage etwas beruhigt hatte, wagte er es, seine Familie nach N'Djamena zurückzuholen.

Obwohl in den nächsten Monaten die christlichen Viertel von der moslemischen Armee besetzt worden war, glaubte Kenem, keinerlei Grund zu haben, sich zu fürchten. Er war nicht politisch engagiert, hielt sich aus allem raus, nur bedacht, es jedem Kunden recht zu machen. Sein kleines Geschäft war sein Leben und nicht die Politik. Er war ein kleiner Mann, ein einfacher Mann, ein Mann ohne jeglichen Hang zur Macht, der nur den einzigen Wunsch verspürte, nicht aufzufallen und leise und unauffällig durchs Leben zu gehen. Und auch wenn, wie es manchmal vorkam, ein Araber wütend auf den Boden spukte, weil er sich von einem *nasrani* übers Ohr gehauen fühlte, so lächelte Kenem ihm herzerfrischend ins Gesicht, wohlwissend, dass er wiederkommen würde, denn nirgendwo anders gab es so gute Preise wie bei Kenem. Und wenn französisches Militärpersonal ab und zu bei ihm einkehrte, dann wusste er, dass er den schönsten und sichersten Beruf in ganz N'Djamena hatte, und er betete zu Gott, dass Paul die Werkstatt eines Tages übernehmen würde, die ihm ein sorgloses und ruhiges Leben garantieren würde, solange er sich aus der Politik und aus der Reichweite der sich befehdenden Gruppen heraushalten würde. Seine einzige Sorge galt Paul. Er sollte es, wenn nicht besser, so doch mindestens genauso gut haben wie sein Vater. Es war ein Wunsch, der sich immer tiefer im Herzen Kenems eingegraben hatte, seit seine beiden Töchter früh das Zeitliche gesegnet hatten. Sarah starb im frühen Kindesalter an Malaria und bald darauf sollte Mariam im Alter von zwei Jahren folgen. Kenem gab sich die Schuld für Mariams Tod. Warum hatte er auch nicht die Schlupfwinkel seiner Hütte gründlicher inspiziert? Der Skorpion, der sich in der Hitze des Tages in einer kleinen Ecke verkrochen hatte, wäre ihm nicht entgangen. Wochenlang begleitete Achtas stumme Anklage Kenem in den ruhelosen,

14

qualvollen Schlaf, der immer wieder unterbrochen wurde von den ins Bewusstsein dringenden Bildern Miriams, und er wachte auf und lauschte dem Geheul der Hyänen, die nicht selten, vom Hunger getrieben, dreist genug waren, bis in die Randbezirke der Stadt vorzudringen. Und je quälender die Selbstvorwürfe Kenems Ich marterten, desto intensiver glaubte er an Paul und beruhigte sein Gewissen mit der festen Überzeugung, dass Paul, wenn er nur die Werkstatt übernähme, eine gute Zukunft hätte.

Achta wusste, dass ihr wochenlanger strafender Blick nur der Beruhigung ihres eigenen schlechten Gewissens diente. War der Tod ihrer Töchter nicht vielleicht doch eine Rache der Geister, die in den Bäumen, Flussbetten und Felsen wohnten, von denen sie sich Gott zuliebe entfernt hatte? Sollten sie nicht vielleicht doch den Hohepriester ihres Dorfes besuchen und mit einem Blutopfer das Wohlwollen der bösen Geister erkaufen? Aber sie war Christin. Sie hatte den christlichen Glauben angenommen, weil katholische Missionare einen französischen Arzt aus der Hauptstadt geholt hatten, um ihr den Blinddarm zu entfernen, der sie lange Zeit gequält hatte. Hätte sie dem Glauben ihres Volkes gehorcht, wäre sie gestorben, denn sie ließen Kranke unbehandelt, war es doch den Geistern überlassen, über Leben und Tod zu entscheiden. Und so sollte der Glaube an Gott stärker sein als die Furcht vor den Geistern, denen sie jahrelang nicht mehr gedient hatte. Aber nur die Angst vor Kenem, wenn sie sich ehrlich eingestand, der sie wegen ihres Aberglaubens ausschimpfen würde, hielt sie von dem Vorhaben ab, ein Blutopfer in ihrem Dorf, wo sie geboren wurde, zu bringen. Zudem hatte Gott doch seine Liebe durch die Geburt Pauls bewiesen. Und so beruhigte sie ihr Gewissen nach vielen bangen Tagen.

Paul saß noch immer auf der Strohmatte, seine Hausaufgaben verrichtend, und schaute ab und zu mit knurrendem Magen erwartungsvoll auf, um seiner Mutter bei der Zubereitung der Boule zuzuschauen. Die Hirse kochte schon seit geraumer Zeit im dampfenden Wasser. Bald würde sie fest genug sein, um sie mit einer Gemüsesoße zu servieren. Vom Hunger getrieben, legte Paul sein Französischbuch zur Seite, und verlagerte sein Interesse auf den Inhalt des Kochtopfes, in den er mit seinen großen Kulleraugen gierig hineinschaute. Paul war ein hübsches Kind. Seine Gesichtszüge waren fein und edel wie das stolze Gesicht eines adeligen Tuaregs, die manchmal aus der unendlichen Sandwüste des Erg de Bilma im Süden Nigers zum Handeln nach N'Djamena kamen. Hochaufgeschossen, waren seine Gliedmaßen wohl proportioniert, und seine Finger waren die eines Klavierspielers. Wie oft hatte er dies von seiner Lehrerin hören müssen. Er hatte es so oft hören müssen, dass er beinah den Tag fürchtete, seinen zartgliedrigen Hände in die schmutzigen Motorhauben stecken zu müssen, um raue, ölverschmierte Motoren zu reparieren, die eh ihren Geist in ein paar Monaten endgültig aufgeben würden. Doch da er niemals Klavierspielen lernen würde, brauchte er sich um die Schonung seiner Hände nicht zu kümmern, und sie würden so rissig und spröde wie die seines Vaters werden. Doch die größte Gemeinsamkeit, die er bereits mit seinem Vater teilte, war das herzerfrischende, sorgenfreie Lachen, das manchmal bis weit über die Dorfgemeinschaft hinaus zu hören war. Seine ebenen, weißen Zahnreihen strahlten beim Lachen so funkelnd wie der Polarstern am wüstenklaren Nachthimmel und öffnete die Herzen seiner Mitmenschen. Seine großen Kulleraugen gaben einem das Gefühl der Geborgenheit und menschlicher Nähe und verrieten gleichzeitig die menschlicher Güte, die in seinem Charakter zum Vorschein kam. Und wenn er sich manchmal hilflos über sein gekräuseltes Haar strich und seine großen Kulleraugen traurig auf den Boden schauten, hatte der

Beobachter das Bedürfnis, diesen guten Menschen in die Arme zu nehmen, um ihn vor der rauen Welt zu schützen, die draußen furchtbar wütete. Auch Achta war stolz auf ihren Sohn und liebte ihn über alles. Und sie beobachtete ihn amüsiert aus ihren Augenwinkeln, während sie die Gemüsesoße herrichtete.

„Hast du den Hunger einer Hyäne und wärst bereit, dein Leben aufs Spiel zu setzten?"

„Ich habe den Hunger eines Löwen, Mama, und würde einen Elefanten anfallen, wenn es nötig wäre."

„Dein Vater müsste schon längst zu Hause sein. Ich weiß nicht, was ihn mal wieder so lange aufgehalten hat."

„Vielleicht ist es wieder ein französischer Soldat. Du weißt, er macht alles für die französischen Kunden."

„Das bereitet mir ja gerade Sorgen. Er denkt niemals an sich und wird sich einmal zu Tode schuften."

Achtas kummervoller Blick entspannte sich, als sie die herannahende Stimme Kenems hörte, der sich leise mit einem Nachbarn unterhielt, bevor er das alte, klapprige Fahrrad an der Hauswand abstellte und sorgfältig verschloss.

„Wo bist du so lange gewesen, Kenem? Wir haben auf dich gewartet."

Erst beim Betreten der Hütte bemerkte Kenem, wie anstrengend der Tag für ihn gewesen war, und er setzte sich mit einem leichten Stöhnen auf die Strohmatte, um seine Beine weit von sich zu strecken. Der Duft der Gemüsesoße, der den Raum erfüllte, weckte in ihm den Hunger, den er während der Arbeit kaum verspürt hatte. Er schaute nach Paul, der wieder das Französischbuch in die Hand genommen hatte, um die letzte Seite der Vokabeln noch einmal zu lernen. Ohne Achta eine Antwort zugeben, wendete er sich an Paul, der, als er zu sprechen begann, sein Buch zur Seite legte, um dem Vater aufmerksam zuzuhören, der seinen Sohn ernst ansah.

„Bist du bereit, Paul, den morgigen Tag und die darauffolgenden Tage tapfer zu überstehen?"

„Ja, aber ..."

„Ich weiß, was du sagen willst, Paul. Aber in unserem Stamm ist es immer noch Tradition, das *yondo*, den Übergang von der Kindheit zum Erwachsenensein, zu bestehen. Du würdest sonst niemals als Erwachsener akzeptiert werden. Wenn es vorbei ist, wirst du stolz auf dich sein."

Skeptisch schaute Paul seinen Vater an, den er nicht mehr zu widersprechen getraute. Paul spürte, dass irgendetwas anderes seinen Vater belastete.

„Mein Sohn, wenn du einmal die Werkstatt übernimmst, arbeite in den ersten drei oder fünf Jahren so hart, dass es dir besser gehen wird als mir und du dir einen - oder besser noch - zwei Gehilfen leisten kannst. Ohne Gehilfen bist du nur ein Packesel und kommst zu nichts."

Selten hatte Achta ihren Mann so schlecht über seine Arbeit reden hören, und sie wunderte sich sehr, was denn wohl der Grund seiner missmutigen Laune war. Doch sie wagte es nicht, sein ungewöhnliches Verhalten näher auf den Grund zu gehen. Kenem war ein Mensch, der immer irgendwann mit seinem Problem herausrückte, und er hasste es, wenn seine Frau danach bohrte. Schließlich waren sechszehn Jahre Zeit genug, sich auf den jeweiligen Partner einzustellen. Und so ließ Achta es dabei bewenden und bereitete die letzten Handgriffe für das Abendessen vor.

Der feierliche Gesang des Muezzin, der von der nahen Moschee zum Abendgebet aufrief, drang in die letzten Winkel ihrer kleinen Hütte, als Kenems Familie feierlich um den niedrigen Tisch in Nähe der Kochstelle versammelt war, um dem lieben Gott für seine Gaben zu danken. Kenem ließ es sich nicht nehmen, immer dann sein Gebet zu sprechen, wenn der

Singsang des Muezzin am lautesten war, und es klang wie ein Wettkampf zwischen zwei Religionen, den der Katholizismus stets verlor. Zu laut, zu erhaben, zu mächtig schallte die Stimme des Muezzins zu ihnen herunter und symbolisierte zugleich die islamisch, arabische Vorherrschaft im eroberten Süden. Und während Kenem den feierlichen Klang des Muezzins missmutig vernahm, schwor er sich hoch und heilig, am nächsten Wochenende mit seiner Familie den Gottesdienst in der Kapelle der Mission Catholique de Kabalaye aufzusuchen. Kenem aß schweigsam sein Abendessen. Noch immer hatte er seiner Frau nicht den Grund seines Missmutes verraten, die die Spannung und Ungewissheit tapfer ertrug.

„Habt ihr die Flugzeuge heute gesehen?"

Froh, endlich das Schweigen gebrochen zu haben, beantwortete Achta pflichtbewusst die Frage ihres Mannes.

„Wir haben sie nicht gesehen. Nur das schrecklich heulende Geräusch haben wir gehört, und das Einschlagen ihrer Raketen in der Ferne."

„Es waren libysche Kampfflugzeuge. Sie versuchten den Präsidentenpalast und die umgebenen Viertel zu bombardieren. Doch Einheiten der französischen Luftabwehr haben die beiden Maschinen noch vor N'Djamena abgeschossen."

„Woher weißt du das?", fragte Achta besorgt, die aus unerklärlichen Gründen immer ängstlich wirkte, wenn ihr Mann mit solcher Art von Information herausrückte.

„Es kam im Radio. Ich habe es in der Werkstatt gehört", antwortete Kenem stolz über sein Wissensvorsprung, „man sagt, Queddei verliert seinen Einfluss. Seine ehemaligen Gefolgsleute laufen zu Habré über, seit er ihnen Regierungsposten angeboten hat."

„Wer sagt das?"

„Zarah Nour, die Frau eines Offiziers, die bei mir seinen Wagen reparieren lässt. Vielleicht sollten wir die Stadt verlassen. Wenn das so weitergeht, werden sie auch irgendwann meine Werkstatt zerstören. Nicht, dass sie darauf aus sind, die Arbeit eines kleinen Mannes zu zerstören. Es wird eben nur eine verirrte Rakete sein", äußerte Kenem besorgt, doch er zerstreute seine sorgenvollen Gedanken im gleichen Atemzug, „aber Frankreich wird Habrè schon militärisch unterstützen und Ghadhafi mitsamt seinem Speichellecker Queddei vertreiben." Obwohl Achta es ihm anmerkte, das ihm das Abendessen gut schmeckte, erheiterte sich seine finstere Miene nicht.

„Heute hatte ich einen Kunden, der erzählte mir eine unglaubliche Geschichte. Da gab es einen Mann, Abdoulaye Bichra hieß er; der war gegen Habré, und er musste fliehen, als Habré an die Macht kam. Er floh ins Paradies - nach Deutschland. Könnt ihr euch das vorstellen. Nach Deutschland! Doch dann verkündete Habré, der Mann könnte zurückkommen. Habré würde seine Sicherheit garantieren. Und der Mann glaubte ihm und kam aus dem Asyl zurück. Und was machte Habré? Er ließ ihn verhaften und foltern. Der Mann, der es mir erzählte, fand den armen Mann irgendwo tot im Gebüsch. Der Mann sagte, Abdoulaye Bichra war sein Freund. Er hätte es mir nicht erzählen sollen."

Schweigsam sammelte Kenem die letzten Hirsekrümel in der hölzernen Schale mit Daumen und Zeigefinger zusammen und tunkte sie in die Erdnusssauce, bevor er den letzten Essensrest zum Mund führte.

„In Deutschland war er. Verstehst du? Im Land, wo es alles gibt. Weißt du noch, was Henri über Frankreich alles gesagt hatte? Genauso gut ist Deutschland, und noch besser. Und der Mann verlässt Deutschland. Kaum zu glauben."

„Vielleicht hatte er einfach Heimweh", sagte Paul grübelnd.

Paul hatte nur eine vage Vorstellung von dem Land, das sie im

Unterricht zwar schon thematisch behandelt hatten, aber so richtig vorstellen konnte er sich es nicht. Asphaltierte Straßen, wohin man sah, Millionen Autos, die sich durch die großen Städte drängten, Wohnungen mit Glasfenstern und Heizungen, weil es so bitterkalt im Winter war. Regen, der dort als weiße Wasserflocken vom Himmel fallen würde. Unvorstellbar. Könnte er doch nur einmal diesen Schnee sehen, fühlen, ja in die Hand nehmen und zum Mund führen, um die Flocken auf der Zunge zergehen zu lassen. Wäre er einmal dort, so war sich Paul sicher, würde er das gelobte Land niemals mehr verlassen.

„Vielleicht hatte er eine Frau hier irgendwo und er wollte zurück aus Liebeskummer", fügte Achta hinzu und versuchte, die Entscheidung des betrogenen Mannes emotional zu erklären. Doch Kenem schüttelte nur ungläubig den Kopf und schaute in Richtung Paul, der immer noch mit dem Essen und mit seinen Gedanken beschäftigt war.

„Und was lernst du aus dieser Geschichte, Paul?"

„Heimweh und Liebe sind stärker als der Wunsch nach Wohlstand."

"Unsinn. Du lernst aus dieser Geschichte nur eins. Halte dich raus aus der Politik und glaube keinem Politiker. Vor allem nicht den Führern. Glaube ihnen nicht, wenn sie dir Versprechungen machen. Mache mit ihnen Geschäfte, die Geld einbringen, aber glaube ihnen niemals. Habré ist doch genauso wie Tombalbaye und Malloum. Ein machbesessener Diktator, der Angst hat, gestürzt zu werden. Und die Angst macht ihn zum Massenmörder. Nenne mir nur einen Unterschied zwischen denen, die da waren, und die noch kommen werden. Es gibt keinen."

„Und warum unterstützt Frankreich Habré, wenn dieser Mann über Leichen geht?"

„Weil es niemand anderen zu unterstützen gibt. Weil das Land keinen Demokraten hat. Weil das Land arm ist und Hilfe braucht. Weil ... ach ich weiß nicht, warum Frankreich so einen Menschen unterstützt. Ich bin doch nur ein kleiner Mann."

„Warum sagst du mir das alles über die Politik, Papa. Ich habe dich noch nie so reden gehört."

Der Vater schaute seinen Sohn traurig an. Er hatte Angst um seinen Sohn. Achta schaute sorgenvoll in Richtung ihres Mannes, der nur zögerlich, unter sichtlich großer Mühe, mit dem wahren Grund seiner schlechten Laune herausrückte.

„Ich habe heute eine schlechte Nachricht erhalten, die uns wohl auch betreffen wird, sobald Paul die Schule verlassen hat."

Paul schaute seinen Vater fragend an.

„Habré holt aus zum letzten großen Kampf gegen Libyen. Die N'Djamena Hebdo schreibt, dass Habré alle militärischen Kräfte mobilisieren wird, um endlich Libyen aus dem Norden und aus dem Aozou- Streifen zu vertreiben. Es wird bald mit einer Offensive gerechnet."

„Aber was hat das mit uns zu tun?", fragte Achta verwirrt, die den Zusammenhang zwischen der großen, gemeinen, schmutzigen Welt der Politik und ihrer kleinen, unschuldigen Welt, in der sie versuchten, so anständig und unbeschadet wie möglich zurechtzukommen, nicht erkennen konnte. Schweigsam holte Kenem einen Brief aus der Tasche und überreichte ihn seiner Frau, die den Inhalt mit zittrigen Händen las. Es war der Einberufungsbefehl ihres Sohnes.

„Unser Sohn darf nicht zum Handlanger eines Diktators werden", flüsterte sie ihrem Mann zu, der jedoch die Ausweglosigkeit der Situation erkannt hatte.

„Auch wenn Frankreich Habré militärisch unterstützt, braucht er mehr Soldaten. Und weglaufen können wir nicht. Dann wären wir Flüchtlinge im eigenen Land. Nein, nein. Paul muss dorthin, und wir können nur hoffen, dass der Krieg mit Libyen ein schnelles Ende finden wird."

„Aber Paul ist ein christlicher Südist. Hast du vergessen, mit welcher Brutalität seine Rebellentruppen gegen die Südisten vorgegangen waren? Und nun sollen sie die Regierungstruppen stärken? Lieber Gott, was wird uns das neue Jahr bringen?"

Auch Kenem wusste auf die Frage keine Antwort. Er war doch nur ein kleiner Mann, der alte, klapprige Autos reparieren konnte, dem jedes globalpolitisches Denken fehlte. Paul hatte die ganze Zeit interessiert zugehört, ohne die Bedeutung der Worte richtig zu erfassen. Er sollte kämpfen? In einem Krieg gegen libysche Soldaten? Aber mit was? Noch nie zuvor hatte Paul eine Waffe in der Hand gehabt, war er doch darauf bedacht, mit allen Menschen friedlich auszukommen, und nun sollte er mit einer Kalaschnikow in der Hand fremde Menschen, gegen die er weder Hass noch Zuneigung verspürte, töten? War er nicht dazu bestimmt, in der kleinen Werkstatt seines Vaters Autos zu reparieren? War es nicht viel schwieriger, Dinge zu reparieren als sie zu zerstören? Doch in seiner Verwirrung war ihm eins bewusst - die Einberufung konnte seinen Tod bedeuten.

*

„Du sollst aufwachen, hörst du? Paul! Wach auf!" Unsanft wurde Paul am nächsten Morgen aus dem Schlaf geweckt. Irgendjemand rüttelte unentwegt mit aller Kraft an Pauls Schulter, bis er endlich ein Lebenszeichen von sich gab. Verschlafen schaute Paul von seiner Strohmatte auf und blickte in ein fremdes Gesicht, das ihn spöttisch angrinste. Im Angesicht des Fremden fuhr Paul vor Schreck zusammen, doch der Mann nahm keine Notiz von der Furcht, die in Pauls Gesicht geschrieben stand.

„Komm! Es wird Zeit. Die anderen warten schon."

„Wer ... wer ... sind Sie? Wo sind meine Eltern? Was haben Sie mit ihnen gemacht!"

„Jetzt beruhige dich endlich. Deine Eltern sind schon aus dem Haus. Für die nächsten Tage bin ich dein *ko-ndo*, dein Betreuer, der dich in die Welt der Erwachsenen einführen wird. Nenne mich von nun an Saleh. Und jetzt steh auf. Wir müssen los."

Widerwillig stand Paul auf und begleitete den fremden Mann nach draußen, wo schon eine größere Zahl von Jungen auf Paul wartete. Auch sie, so glaubte Paul zu erkennen, fürchteten sich vor dem, was nun in den nächsten Tagen geschehen sollte. Obwohl es bereits am frühen Morgen recht warm war, fröstelten die Jungen, als ob ein eisiger Polarwind über ihren Köpfen hinüberwehte. Gemeinsam mit ihren Betreuern machten sie sich nun im anbrechenden Tageslicht, nachdem sich Paul in die Gruppe eingereiht hatte, auf den Weg in das Lager außerhalb N'Djamenas. In Zweierreihen liefen sie schweigsam die einsame Landstraße entlang. Wer mit seinem Nachbarn redete, wurde unter Androhung schlimmer Strafen ermahnt. Paul hatte schon lange das Zeitgefühl verloren. Er konnte nicht sagen, wie lange sie nun schon den Weg in südliche Richtung entlanggelaufen waren. Er spürte einen nagenden Hunger, doch wagte er seinen Betreuer nicht zu fragen, wann sie endlich das Lager erreichen würden.

„Was meinst du, was sie mit uns machen werden?"

Der Junge, der das Gesetz des Schweigens gebrochen hatte, wagte es nicht, Paul anzuschauen und starrte stur geradeaus, während er auf eine Antwort hoffte. Doch bevor Paul den Jungen beruhigen konnte, war der Betreuer des Jungen mit schnellen Schritten herangenaht.

„Du gehst in das Lager der Toten, und du wagst es zu

sprechen?", brüllte der *ko-ndo* wütend in das Ohr des Jungen, "bereite dich auf deinen Tod vor. Denn die Toten werden erwachen und dich umbringen, indem sie dein blutiges Herz aus deinem Körper herausreißen und gierig verschlingen. Sie werden deine Seele ergreifen und dich in das Reich der Dunkelheit führen, aus dem es kein Entrinnen gibt."

So eingeschüchtert, brach der Junge in Tränen aus und trottete mit weichen Knien der Hölle entgegen, die sie nun erreicht hatten. Es war ein Lager am Ufer des Logone, wo eine Feuerstelle und mehrere aus Weiden geflochtene, mit Blättern bedeckte, hüttenähnliche Zelte errichtet worden waren, die ein wenig Schutz vor der nun im Zenit stehenden Sonne boten. Sie mussten fünf oder sechs Stunden gelaufen sein, dachte Paul, der sich nun erschöpft auf den Boden legte, ohne jedoch zu wissen, das damit den Zorn seines Begleiters hervorgerufen hatte.

„Steh auf! Steh sofort auf!", schrie ihn Saleh an, der sofort beim Anblick des auf dem Boden Liegenden herangestürmt war, „wie kannst du es wagen, dich ungefragt auf den Boden zu legen! Lass es dir gesagt sein, dass von nun an das Hinlegen auf dem Boden während des Tages verboten ist."

Paul hatte keine Zeit, sich aus der Anweisung einen Reim zu machen, denn schon erschallte der Befehl zum Entkleiden. Alle sechszehn Jungen, die sich nun in dem Lager versammelt hatten, entledigten sich ihrer Kleidung und standen nun nackt vor ihren Begleitern, die nun aus einem hölzernen Gefäß eine mehlig-weiße Flüssigkeit mit ihren Händen hervorholten und sie gleichmäßig auf den nackten Körpern verteilten.

„Dies ist die Farbe des Todes", verkündeten die *ko-ndos* in einem Singsang, während sie fortfuhren, die Körper zu bemalen, „ihr tretet nun in das Reich der Toten ein."

Paul fühlte, wie schnell die Farbe auf der Haut unter der sengenden Sonne trocknete. Er fühlte sich unwohl und erniedrigt in seiner Nacktheit und spürte die trocknende Farbe wie eine harte Kruste auf seiner Haut. Ein Panzer, der ihm jedoch keinen Schutz bot. Wäre doch nur schon alles vorbei? Warum musste er sich nur dieser Tortur unterziehen, die nun erst begonnen hatte? Denn schon erfolgte die nächste Anweisung durch den obersten *ko-ndo*. Würde denn der Tag niemals enden?

„Hockt euch nieder. Und zwar so, wie es eurer Betreuer demonstriert."

Dies war das Zeichen für die Begleiter, die nun die gewünschte Hockstellung einnahmen. Nicht auf den Fußballen, sondern auf dem ganzen Fuß ruhte der Körper in der gehockten Stellung. Es erforderte ein großes Maß an Gleichgewichtsgefühl.

„So ist es gut. Bleibt so gehockt. Vorhin habt ihr einen Jungen gesehen, der sich unaufgefordert auf den Boden gelegt hat. Er wird morgen dafür bestraft werden. Von nun an dürfen nur eure Füße den Boden berühren. Andernfalls setzt ihr eurer Leben aufs Spiel."

Paul fühlte ein unangenehmes Gefühl in ihm aufsteigen. Welche Art von Strafe hatte er zu erwarten? Und all das, nur weil er sich auf den Boden gelegt hatte. In der Hocke fühlte Paul sich so unfrei wie ein Vogel mit gestutzten Flügeln, der unbeholfen über den Boden hüpfte und sich so sehr wünschte, vom Boden abheben zu können, um mit kräftigen Flügelschwingen der Freiheit entgegenzufliegen.

„Die Erde ist der mütterliche Bauch, so dass der Kontakt mit der Erde ein Zurück zur Mutter bedeuten würde, und das wäre gleichbedeutend mit einer Ablehnung des Erwachsenenwerdens."

Nach Stunden des Sitzens in gehockter Stellung, nach unendlichen Predigten und Ermahnungen durften die jungen Heranwachsenden, nachdem ihnen die Köpfe gewaschen und die Haare kahlgeschoren wurden, bei anbrechender Dunkelheit ihre Laubhütten aufsuchen, wo Paul erschöpft, und vom Hunger geplagt, in einen tiefen Schlaf fiel.

Erneut wurde die Gruppe am nächsten Morgen unsanft geweckt, die sich vor der Feuerstelle versammelt hatte, um eine Schüssel Hirsebrei in Empfang zu nehmen. Hatte Paul die ganze Zeit versucht, das mögliche Strafmaß seines Vergehens zu ergründen, so wurde ihm nun gewiss, dass der Verzicht auf den Hirsebrei eine durchaus schmerzhafte Erfahrung war. Nicht einmal das Entfernen von der Gruppe, deren Anblick ihm nun während des Essens unerträglich schien, war ihm gestattet. Was hätte er nun für eine Handvoll Hirsebrei gegeben. Zaghafte Versuche einiger Jungen, Paul eine Schüssel Hirsebrei zuzuschieben, wurden mit strafenden Blicken der Betreuer erfolgreich vereitelt. Warum mussten sie ihn so bestrafen? Doch auch diese Qual ging einmal vorbei, und es galt, sich für den Besuch der Frauen im Lager vorzubereiten. Noch immer, trotz der weißen, verkrusteten Farbe, in ihrer Nacktheit entblößt, galt es nun, Schürzen aus Blättern und Zweigen anzulegen, die ihnen mitsamt einer aus Blättern angefertigte Maske von den *ko-ndos* ausgeteilt wurden. Noch immer waren die Jungen im Reich der Toten. Die Mütter mussten früh am Morgen losmarschiert sein, dachte Paul, denn noch bevor die Sonne den höchsten Punkt erreicht hatte, kehrten sie im Lager ein, wo sie die Jungen, ihre Gesichter hinter den Masken versteckt, erblickten. Trotz der Maske erkannte Achta ihren Sohn sofort, der, wie alle anderen, in gehockter Stellung, auf das Eintreffen der Frauen gewartet hatte. Sie erschrak beim Anblick ihres Sohns, der in seiner weißen Farbe so unmenschlich, so weit entfernt von der Welt der Lebenden wirkte. Ehrfurchtsvoll schlichen die Mütter leise an ihren Söhnen vorbei, bevor sie sich niederhockten, um auf die Verkündung des obersten Betreuers zu warten. Endlich, nach einer für Achtas Empfinden qualvoll langen Zeit, erhob er sich aus der Gruppe der Jungen und sprach in einem feierlichen Ton.

„Frauen, Mütter, ihr habt nun die Jungen im Reich der Toten gesehen. So, wie sie waren, werden sie nicht mehr in euer Heim zurückkehren. Geht nun nach Hause und wartet auf die Auferstehung eurer Söhne als erwachsene Männer."

Nachdem die Frauen das Lager verlassen hatten, wurde das nächste Ritual vorbereitet. Der Anblick seiner besorgten Mutter, die er aus einem kleinen Loch in der Maske erspäht hatte, wirkte befreiend auf sein gebeuteltes Ich, und er wusste nun, dass er die Zeremonie wohlbehalten überstehen würde. Doch nun war es an der Zeit, sich der Maske und der Schürze, wie befohlen, zu entledigen. Wieder mussten sie in einem Kreis die Hockstellung einnehmen, denn nun galt es, das Leben zu kaufen. Die Betreuer hatten für jeden eine schrecklich unappetitlich aussehende, erdfarbene Kugel aus Fleisch, Hühnerblut und anderen geheimnisvollen Zutaten zusammengestellt, die nun der oberste Betreuer für alle sichtbar in seiner Hand hoch in die Luft hielt.

„Es soll sein, dass alles, was ich zu essen gegeben habe, das Leben ist und dass derjenige, der das gegessen hat, das Leben erhält."

Vom Hunger getrieben, gab es für Paul keine Bedenken, die große blutig-breiige Fleischkugel in den Mund zu schieben, die er genüsslich kaute, während die anderen Jungen in seiner Gruppe mit deutlich wahrnehmbaren Würgreizen zu kämpfen hatten.

„Steht nun auf und setzt euch weit von diesem Ort entfernt nieder. Dies ist das Zeichen der Wiedergeburt, doch hütet euch vor dem Kontakt zur Erde."

Nachdem sie sich, im Lager verteilt, erneut niederhockten,

warteten sie auf den Befehl der Reinigung ihrer Körper. Saleh gab das Zeichen, indem er mehrere Male in das Gesicht Pauls spuckte, so wie es die Mütter zu tun pflegten, wenn sie ihren Kindern die Gesichter wuschen. Es folgte eine Spukorgie ungeheuren Ausmaßes, bevor die restliche Farbe mit dem Flusswasser entfernt werden durfte. Paul war erleichtert. Während er sich den Speichel seines Betreuers aus dem Gesicht entfernte und die poröse Farbe von seinem Körper wusch, hoffte er, dass dies nun das Ende des Rituals bedeuten würde. Er wünschte sich so sehr, am Ende des Tages wieder zu Hause zu sein, und die Vorfreude stimmte ihn beinah glücklich. Er spürte die Erleichterung in den Gesichtern der Jungen. Auch sie sehnten sich das Ende herbei.

Der Nachmittag jedoch sollte ihre Hoffnungen auf ein baldiges Ende der Prozedur zunichtemachen, denn ungeahnte Qualen standen ihn nun bevor. Nachdem auch Paul die sehnlich erwartete Schüssel Hirsebrei erhalten und heißhungrig verschlungen hatte, wurde der Gruppe befohlen, sich im Mittelpunkt des Lagers zu treffen, um das traditionelle Hüftfell in Empfang zu nehmen, das sie nun als erwachsene Mitglieder der Gruppe auszeichnete. Stolz nahm Paul das Hüftfell in die Hand und schwang es um seine Taille, doch bevor er sich versah, stand Saleh mit einer aus langen Zweigen geflochtenen Peitsche vor ihm und schlug heftig auf Pauls Rücken ein, der vor Schmerz, vielleicht aber eher aus Überraschung vor der plötzlichen Wende laut aufschrie.

„Du schreist wie ein Waschweib!", schrie Saleh Paul laut ins Gesicht, „schau dir die anderen Jungen an, wie sie die Schmerzen ertragen. Ich töte den *koy* in dir."

Wieder und wieder schlug er auf Paul ein, dessen Rücken nach den vielen Schlägen, die Paul nun stumm entgegengenommen hatte, von blutigen Streifen gekennzeichnet war. Überall im

Lager schlugen die Betreuer auf die Jungen ein. Der helle Klang der Peitschen in der Abenddämmerung drang bis in die Wipfel der Bäume und hatte die Vögel vertrieben, die sich in ruhigeren Gefilden niederließen.

Der dritte Tag. Paul hatte eine schlaflose Nacht verbracht. Sein Rücken, die Haut an vielen Stellen aufgeplatzt, brannte wie tausend Feuer. Unbehandelt heilten die Wunden nur sehr langsam. Nur manchmal in der Nacht, wenn eine kühle Brise, die über das Land wehte, das Laub der Hütten schüttelte, schaffte sie ein wenig Linderung. Zudem quälten Paul bange Fragen. Was würde morgen geschehen? Welche Torturen würden ihn morgen erwarten? Doch er zwang sich, die Angst zu verdrängen und dachte an sein Zuhause. Die Gedanken an seinen Vater stärkten seine Entschlossenheit, die Qualen tapfer wie ein Mann zu überstehen. Er hatte es seinem Vater schließlich versprochen.

Schweigsam nahmen die Jungen den Hirsebrei am nächsten Morgen zu sich. Die Angst vor der Ungewissheit des Tages war bei allen zu verspüren. Niemand konnte sich diesem Gefühl entziehen, das kurz danach blutige und grausame Bestätigung finden sollte. Wieder wurden die Jungen am Morgen ausgepeitscht. Noch immer saß nach Ansicht des obersten Betreuers das *koy* zu tief in ihrem Innern und erforderte somit wiederum die qualvolle Prozedur. Trotz der Schmerzen schrie niemand der Jungen auf. Sie ertrugen ihre Schmerzen in ohnmächtiger Wut.

„Die Gewalt der Peitsche und das Privileg, das Hüftfell als Zeichen der Stammestradition tragen zu dürfen, ist die Anerkennung und der Beweis des Eintritts in ein neues Leben", verkündete Saleh der Gruppe am Nachmittag des dritten Tages, „doch es ist nun die Zeit gekommen, um euch zu sichtbaren Männern zu machen."

Beim Anblick der Rasierklinge, die in der Nachmittagssonne in seiner Hand gefährlich funkelte, zuckten die Jungen merklich zusammen. Die Angst stand ihnen in den Gesichtern geschrieben. Paul spürte, wie sich sein Magen verkrampfte. Die Rasierklinge in der Hand Salehs konnte nichts Gutes bedeuten.

„Jeder", begann Saleh von neuem, „erhält acht Striche auf seiner Gesichtshaut als ewiges Zeichen der Männlichkeit. Du da! Du fängst an!"

Saleh deutete auf einen klein gewachsenen Jungen, der nun mit angstgeweiteten Augen zögerlich nach vorne trat, um sich auf den trockenen, staubigen Boden zu legen.

„Habe keine Angst. Es tut nicht weh", log Saleh und ritzte den ersten fünf Zentimeter langen Strich waagerecht auf die Stirn des jungen Mannes, der den Schmerz mit einem kurzen Schrei unterdrückte. Blut floss an seinem linken Auge herunter. Unruhig starrte die Gruppe auf die blutige Prozedur. Ein zweiter Mann stützte sich auf die Schultern des Jungen, der bei jedem Schnitt merklich zusammenzuckte. Nach fünfzehn Minuten war die Tortur vorbei. Saleh betrachtete noch einmal befriedigt sein Werk und streute zum Stillen des Blutes Holzkohlenasche auf das fürchterlich blutende Gesicht des Jungen, der sich nach der Operation mit wackelnden Beinen vom staubigen Boden erhob.

„Wer ist der nächste?", fragte Saleh, die blutbeschmierte Rasierklinge in der Hand haltend, und schaute gierig, beinah lüstern in der Gruppe umher. Paul hatte genug gesehen. Niemals würde er sich dieser Tortur unterziehen und sein Gesicht verunstalten lassen. In der Gewissheit, von Saleh als nächster in der Reihe ausgewählt zu werden, sprang Paul plötzlich auf und ergriff die Flucht. So schnell wie er konnte, rannte er aus dem Lager. Und während er sich dem Lager der Qualen entfernte, ergriff ihn ein seltsames Gefühl. Er hatte versagt.

# 2

Die Regenzeit hatte begonnen. In unregelmäßigen Abständen wüteten heftige Stürme über das ausgetrocknete Land. Manchmal trieben sie nur eine Wolke von Staub und Sand vor sich her und brachten außer der Zerstörung keinen Tropfen Wasser. Auf die trügerische Stille folgte stets ein Inferno. Bäume ächzten im Wind, Hüttendächer wurden fortgetragen, und auch die Wellblechdächer einiger Siedlungen hielten dem Druck des Windes nicht stand. Sehr oft traten sie nachmittags ihre Reise der Zerstörung an. Auch an diesem Freitagnachmittag im September hatte sich einen friedliche Stille in dem kleinen Ort Kouri Kouri, 250 km nördlich von N'Djamena, ausgebreitet. Es war unerträglich schwül in der Garnison, die etwas abseits von der Hauptstraße lag. Kouri Kouri war nicht das, was man als eine attraktive Stadt hätte bezeichnen könne, doch viele reisende Händler zogen hier vorbei, um sich für die 800 km lange Reise zur Oase Faya Largeau im Norden des Tschads, wo die feindliche libysche Flagge seit dem Frühjahr nicht mehr wehte, mit Proviant und Wasser auszurüsten. Noch vor seiner Einberufung war die unheilvolle Vorhersage seine Vaters eingetroffen. Habré hatte die letzten Kräfte mobilisiert, um sein Land von den Libyern zu befreien. Eine kurzfristig eingeführte Kriegssteuer, die die Armen noch ärmer und die Reichen noch reicher machte, sollte die erhöhten militärischen Ausgaben decken. Und so begann im Frühjahr die erfolgreiche militärische Offensive zur Rückeroberung des verlorengegangenen Nordens. Faya Largeau war in tschadischer Hand, auch wenn dann und wann libysche Bomber die Rückeroberung der goldenen Oase streitig machte.

Paul wusste, dass nach der merklich forcierten Ausbildung ein sofortiger Fronteinsatz außer Frage stand.

Paul schaute zum Himmel hinauf, wo schwere, dunkle Wolken rasch aufgezogen waren. Aus der Ferne hörte er das dumpfe Grollen des Donners. Es wurde dunkler und dunkler. Jetzt sah er in einigen Kilometer Entfernung die schwarze Wand, die immer näher kam. Diesmal würde es wieder Regen geben, dachte Paul, als er sich in die Sicherheit des steinernen Wachturms begab, der neben der Schranke zur Einfahrt in die Garnison errichtet worden war. Paul hatte schon viele Stürme erlebt, und so setzte er sich gemütlich auf den Boden, sein Rücken entspannt gegen die Wand gelehnt, und lauschte den ersten Regentropfen, die auf das Dach leise tröpfelten. Mit einem vergewissernden Blick schaute er auf das Maschinengewehr, das gesichert, aber griffbereit im Gewehrschrank ruhte. Er schaute auf seine goldene Uhr, die ihm seine Eltern trotz der Flucht aus der *yondo*-Prüfung im Lager geschenkt hatten, schließlich hatte auch Kenem in jungen Jahren, wie er Paul offen und ehrlich eingestand, die Flucht vor der Rasierklinge ergriffen und sich wochenlang in einer Höhle versteckt. Noch eine Stunde lang musste Paul die Wache am Tor halten. Er hatte jedoch Ausgangsverbot und konnte nicht, sehr zum Leidwesen seiner Eltern, die ihn sehr vermissten, übers Wochenende nach Hause fahren. Er war sich sicher, dass Moubori es auf ihn abgesehen hatte. Er hatte sich doch so eine Mühe gegeben, den Spind vorschriftsmäßig aufzuräumen. Aber nein. Wenn der Sergeant es auf einen abgesehen hatte, gab es kein Entrinnen. Doch Paul verdrängte die Gedanken über die erlittene Ungerechtigkeit, wusste er doch, dass dies nichts an der Situation ändern, sondern nur seinen Ärger verschlimmern würde.

Seit fünf Monaten war Paul nun schon beim Militär. Der

Fronteinsatz rückte immer näher. Er vermisste seine Eltern sehr. Kenem hatte ihm ein Photo der Werkstatt mit auf die beschwerliche Reise nach Kouri Kouri gegeben, auf dem sein Vater und seine Mutter abgebildet waren. Das Bild sollte Paul immer daran erinnern, dass er zu Hause stets willkommen sein würde. Hier gehörte Paul hin. Hier war auch seine Zukunft. Kenem betrachtete Pauls Einberufung mit großem Argwohn, denn er misstraute der Politik der Herrschenden, denen es doch nur um ihr eigenes, persönliches Wohl ging und nicht so sehr um das Wohlergehen der ganzen Bevölkerung, der es von Jahr zu Jahr schlechter ging. Kenem hatte die Hungersnot vor zwei Jahren noch nicht vergessen, als die Heuschrecken über das Land herfielen und die Ernte vernichteten. Nur der Hilfe Frankreichs, und nicht der Hilfe Habrés, der immer noch mit der Konsolidierung seiner Macht beschäftigt war, solange Queddei ihm den Posten des Staatschefs streitig machte, war es zu danken, dass die Zahl der an Hunger und Entkräftung Gestorbenen nicht verheerende Ausmaße angenommen hatte. Als Kenem seinem Sohn zum Abschied winkte, wusste er im tiefsten Inneren seines Herzens, dass Paul die Grausamkeiten eines Kriegs mit Libyen, das nicht freiwillig den besetzten Aouzou-Streifen räumen würde, kennen lernen sollte.

Erst jetzt bemerkte Paul, dass das behagliche Tröpfeln des Regens einem ohrenbetäubendem Trommeln gewichen war. Der Orkan war herangekommen und hatte seine Schleusen geöffnet. In Sturzbächen prasselte das Regenwasser auf die Garnison nieder. Paul stand auf, um aus dem kleinen Guckloch des Wachtturms schauen zu können. Lange, große Blitze zerrissen die dunkle Wolkendecke. Der Sturm fegte abgerissene Strohdächer über die Garnison hinweg und wühlte in den Wipfeln der gebeugten Bäume, Äste und Blätter gierig mit sich reißend. Vielleicht war es sogar von Vorteil, dieses Wochenende in der Garnison zu bleiben, dachte Paul. Die Wege waren in der Regenzeit in einigen Gebieten unpassierbar, stand doch das Regenwasser nicht selten hüfthoch. Ausgetrocknete Flussbetten, die sonst von Lastwagen mit Leichtigkeit überquert wurden, waren nun reißende Ströme. N'Djamena konnte in der Regenzeit zum Venedig des Sahel werden. Paul mochte die Regenzeit sehr. Sein Großvater würde sich nun freuen. Der Regen würde den Chari weit über das Ufer treiben. Am Zusammenfluss des Charis und des Logones würde sich jetzt ein riesiger See gebildet haben, der allerdings nach der Regenzeit sehr schnell wieder austrocknen würde, wie auch sich die beiden Flüsse sehr schnell wieder ins Flussbett zurückziehen würden. Wenn der erste Sommerregen kam, veränderte sich die Landschaft in zauberhafter Weise. Die weiten Ebenen des südlichen Tschadsee-Beckens, ausgedorrt und versandet, blühten sattgrün auf. Die ausgemergelten und klapprigen Zebu-Rinder des Fulbe Stammes fanden endlich wieder Wasser. Der Tschadsee, der in der Trockenzeit so flach war, dass man zu Fuß durch den See hätte laufen können, war nun ein wirklicher See, der seine Wasserfläche verdoppelt hatte, und wo nun die Fische zu Hunderten zur Freude der Fischer in den Fischernetzen zappeln würden. In der Regenzeit erwachten der Mensch und die Natur zum Leben.

Je länger Paul auf den Regen starrte, desto stärker regte sich in ihm der Wunsch, mit seinem Großvater hinaus auf den Chari zu fahren, die Netze mit vollem Schwung weit in den See hinauszuwerfen, um sie dann zusammen mit seinem Großvater unter der schweren Last der Fische wieder ins Boot zu hieven. Doch Paul wusste nur zu gut, dass dieser Wunsch nur schwer zu erfüllen war, solange er keinen Heimaturlaub erhielt, und so setzte sich Paul traurig auf den Boden und streckte, während er einige lästige Fliegen, die besonders während der Regenzeit zu einer unangenehmen Plage wurde, aus seinem Gesicht verscheuchte, entspannt seine Beine aus. Trotz des dumpfen Grollens und dem Trommeln der schweren Regentropfen im heulenden Sturm fühlte Paul sich geborgen im kleinen Wachturm, und die Behaglichkeit verursachte in ihm eine gefährliche Müdigkeit. Seinen Rücken an der Wand gelehnt, das Kinn auf der Brust ruhend, verfiel Paul in einen Halbschlaf, der die Grenze zwischen Realität und Traum auflöste. Er träumte von Nala.

Nala!

Kein anderer Name konnte die Schönheit, die Anmut einer Frau besser beschreiben als dieser Name, der so weich und sanft im Mund zerfloss. Ob er sie jemals wiedersehen würde? Was würde sie wohl in diesem Augenblick tun? Schaute sie vielleicht auch in diesem Augenblick aus dem Fenster hinaus auf den Regen und dachte an Paul und sehnte sich nach seiner Rückkehr? Nie würde er ihre süße Schamhaftigkeit, ihre vornehme Zurückhaltung vergessen, als er sie auf dem Markt in N'Djamena angesprochen hatte. Er musste sie ansprechen! Es war nicht das erste Mal, dass er sie auf dem Markt beobachtet hatte. Nein. Schon öfters hatte er sie, wenn er sich offen eingestand, in höflicher Distanz verfolgt. Nichts lag ihm ferner, als bei ihr ein Gefühl der Aufdringlichkeit zu erzeugen. Doch an jenem Tag, als er sie wieder beim Kauf der Datteln beobachtet hatte, geschah das Unfassbare, das ihn zum Handeln zwang. Den kleinen geflochtenen Korb dem Händler entgegenhaltend, bereit die Ware anzunehmen, kullerten einige der Früchte auf den staubigen Boden. Geistesgegenwärtig sprang er ihr zur Hilfe und schaute ihr mit seinen großen Kulleraugen lächelnd in das bezauberndste Gesicht, das er je gesehen hatte. Ihre edlen und feinen Gesichtszüge verrieten ihre sozial gehobene Stellung in der Gesellschaft, ein Eindruck, der aufgrund ihres stolzen Blicks, der Selbstbewusstsein und Selbständigkeit offenbarte, nur bestätigt wurde. Dennoch war es kein abweisender Blick und er nahm ihre Belustigung über seine übereifrige und tollpatschige Hilfe wahr, die ihn in seinem Bestreben, sie für ihn zu gewinnen, bestärkte. Er musste sie ansprechen. Es gab keinen Weg zurück. Von ihren stolzen Gesichtszügen her zu urteilen, war sie weder eine Sara noch eine Haussa, dafür fehlten ihr einfach die markanten negroiden Züge. Sie sah beinah eher wie eine Frau vom Stamm der Tuareg aus. Etwas älter als Paul, war ihr auffallendes Merkmal ein silberner Nasenring, den sie am rechten Nasenflügel trug, auch ihr Halsschmuck schien aus Silber zu sein. Ihr Haar trug sie in kleinen, sorgfältig geflochtenen Zöpfen, die ihr bis an die Schultern reichten. Ihr langes Messer jedoch, dessen Spitze unter ihrem bunt gemusterten Gewand hervorlugte, hatte er noch bei keiner Frau des Südens gesehen. Sie musste aus dem Norden kommen. Ihre Kopfbedeckung, ein ebenso bunt gemustertes Kopftuch, das luftig an ihren Kopf hinunterhing, deutete auf ihre muslimische Religionszugehörigkeit hin.

„Der Korb ist einfach zu klein für die vielen Datteln, die du kaufst", begann Paul die Konversation seines Lebens, während er die letzten Datteln in den Korb legte. Fragend schaute Nala in das freundliche Gesicht Pauls, der nun sie verwundert anschaute, da sie ihn nicht verstanden zu haben schien. Erst jetzt bemerkte Paul in seiner Aufregung, dass es ein Fehler war, das hübscheste Mädchen, das er je gesehen hatte, in Sara anzusprechen, und er war heilfroh, Französisch in der Schule gelernt zu haben.

*„La corbeille est trop petite pour toutes les dattes que tu as achetées."*

Sie lachte ihn an und nickte verständnisvoll mit dem Kopf. Sie schaute verlegen zur Seite, als sie zu sprechen begann.

„Anstatt einen großen Korb zu nehmen, wähle ich immer diesen kleinen, und wenn ich alles zu einem großen Berg in meinem kleinen Korb gestapelt habe, rutscht einiges plötzlich aus dem Korb heraus. Das ist schon oft passiert."

„Ist der Korb schwer? Ich kann dir ja beim Tragen helfen."

„Wir Tubus sind zur Selbständigkeit erzogen worden. Ich trage ihn schon alleine nach Hause".

„Du bist ein Tubu? Was macht ein Tubu aus dem Tibesti hier im Süden?"

In der Hoffnung, das hübsche Mädchen in ein längeres Gespräch verwickeln zu können, schaute er sie lächelnd an.

„Das ist eine lange Geschichte. Aber ich muss jetzt heim."

Sie wandte sich von Paul ab, um ihren Heimweg anzutreten. Voller Panik, sie vielleicht nie wiedersehen zu können, ergriff Paul die Offensive.

„Ich ... ich ...ich habe dich schon seit einiger Zeit beobachtet."

„Ich weiß."

„Du weißt es?"

„Hm."

Pauls Herz hätte vor Freude zerspringen können. So ermutigt, ergriff Paul erneut das Wort, um seinen Gefühlen freien Lauf zu lassen.

„*Tu es la plus jolie, la plus ravissante, la plus mignonne fille que j'ai jamais rencontrée.*"

Wieder schaute sie verlegen zur Seite. Sie war das hübscheste, das bezauberndste, das süßeste Mädchen, das er je getroffen hatte. Solche Worte hatte sie noch nie von einem Mann gehört. Kein Tubu würde seine Gefühle für eine Frau offen darlegen, er würde es auch nicht wagen, direkt um die Hand einer Frau anzuhalten, denn die Entscheidung zu einer Hochzeit oblag dem

Vater, und nur er konnte nach seinem eigenen Ermessen seine Töchter verheiraten. Hierin lag auch das Verhalten der Tubu-Frauen begründet, eher zu sterben, als ihre wahren Gefühle zu einem Mann Preis zu geben oder gar einem Heiratsangebot zuzustimmen.

*„Tu dois être un vrai sudiste pour dire une chose pareille"*, antwortete Nala verlegen, ohne nicht jedoch ein wenig geschmeichelt zu sein. Sie vermutete, dass Paul, um solche leidenschaftlichen Worte sagen zu können, ein „Südist" sein musste.

*„Es-tu de la tribu des Sara?"*

Paul nickte zustimmend mit seinem Kopf.

„Ich bin eine Sara, aber ich lebe seit meiner Geburt in N'Djamena und bin christlich erzogen worden."

„Und du trägst die Uniform eines Regierungssoldaten?"

„Gibt es einen Ausweg? Habré braucht Soldaten. Er muss verzweifelt sein, wenn er diejenigen in seine Armee einberuft, die er wahllos vor sieben Jahren zusammengeschossen hat."

„Und was ist mit dir? Ist es nicht ein Problem für dich, als Sara und Christ in der Armee für Habré zu kämpfen?", fragte Nala mit einem leichten Ton des Unverständnisses, das aber auch gleichzeitig ihr Interesse an dem Widerspruch weckte.

„Habré wird doch von Frankreich unterstützt, und mein Vater mag die Franzosen sehr. Außerdem sagt mein Vater, es sei besser auf seiner Seite zu sein, als ihn als Gegner zu haben. Eine Flucht vor der Einberufung hätte doch nur Gefängnis und Folter zur Folge."

„Ich würde nicht so laut sprechen. Sage so etwas nie vor fremden Leuten. Du bist sehr unvorsichtig."

„Hast du Angst um mich?"

Zum ersten Mal schaute sie in Pauls große Kulleraugen, die immer noch beim Anblick ihrer Schönheit leuchtend glänzten.

Das hübsche Tubu-Mädchen blieb Paul eine Antwort schuldig, ergriff den Korb mit fester Hand und begann, sich vom Stand des Dattelhändlers mit forschem Schritt zu entfernen.

„Bitte warte. Ich ... ich ... habe nicht einmal deinen Namen!", rief Paul ihr hinterher, doch sie schien ihn nicht gehört zu haben, und entfernte sich weiter vom Ort der Begegnung. Enttäuscht kehrte Paul ihr den Rücken zu, bereit, seinen Heimweg anzutreten.

„Nala. Mein Name ist Nala."

\*

Von jenem Tag an unternahm Paul jede erdenkliche Strapaze auf sich, um den beschwerlichen Weg von Kouri Kouri nach N'Djamena während des Freigangs am Wochenende auf sich zu nehmen, um Nala zu sehen. Obwohl es nur zweihundertfünfzig Kilometer waren, dauerte es manchmal neun, zehn oder gar elf Stunden, um die Wegstrecke zurückzulegen. Wenn er Glück hatte, fand er einen Franzosen, der ihn im Landrover mitnahm. Sonst schloss er sich den Lastwagenfahrern an, die ihm einen Sitzplatz hoch oben auf der gefährlich überladenen und wackeligen Fracht anboten. Die langsamste Reise war der Ritt auf einem Kamel, den ihnen die Händler, die ihn manchmal auf dem Weg zur Hauptstadt begleiteten, anboten. Dann musste Paul fünf bis sechs Tage für die Heimreise einkalkulieren, denn ein beladenes Kamel schaffte selten mehr als 50 Kilometer pro Tag, und der Karawanenführer passte sich der Geschwindigkeit der Tiere an. Doch meistens hatte er Glück, und ein geländegängiges Auto nahm ihn auf den holprigen Weg entlang des Bahr el Ghazal, dem ausgetrockneten Gazellenfluss, mit. Sie durchfuhren die dürre Sahelsteppe. Der Boden unter den Fahrzeugen war sandig, und des Öfteren versanken die Wagen im weißgrauen Staub und mussten unter der flirrenden Hitze der Sonne angeschoben werden. Nur ein Hauch von Grün umgab den Bahr el Gazal, wo auch die wenigen Ziegen entlang der Strecke kaum Nahrung fanden. Immer wieder begegnete man Händlern auf Eseln oder Kamelen, die in N'Djamena hofften, für ihre beschwerlichen Reisen zufriedenstellend entlohnt zu werden. Der Luxus einer Asphaltstraße begann erst weit hinter Massaguet, einige Kilometer vor N'Djamena.

Doch seine Mühsal sollte stets belohnt werden, wenn er Nala nach einer langen beschwerlichen Reise in die Arme nehmen konnte und fühlte, wie sehr sie Paul vermisst hatte. Eng an seinen Körper geschmiegt, ihren Kopf an seiner Schulter gelehnt, fuhr er zärtlich über ihr schwarzes, in langen, kleinen Zöpfen geflochtenes Haar, und es wurde ihm bewusst, dass er jede nur erdenkliche Strapaze auf sich nehmen würde, um diese Augenblicke des Glücks erleben zu dürfen. Doch wie ein dunkler Schatten lag die Heimlichkeit ihrer Beziehung über den beiden Jungverliebten, denn sowohl Paul als auch Nala wussten, dass ihre Eltern eine Beziehung zwischen ihnen nicht gutheißen würden. Nalas Vater war nicht nur vom Stamm der „Felsenbewohner", der Tubus, ein stolzes, widerstandsfähiges, aber auch kriegerisches Volk, das in den kargen und unwegsamen Gebirgshöhen des Tibestis im Norden des Tschads beheimatet war, sondern ihr Vater gehörte auch zu den Tomagras, der vornehmste Clan der Tubus. Die Viehzucht in den mit Gras, niedrigen Buschwerk und Akazien bewachsenen Hochflächen im Bereich des Kraters Emi Kussi und der Karawanenhandel mit Datteln und Salz waren die Haupteinnahmequellen der Tubus. Und so war auch Nalas Großvater ein stolzer Nomade mit einer beträchtlichen Kamel-

und Ziegenherde, der auch Gärten mit Dattelpalmen in der Oase Faya besaß, die er von sozial untergeordneten Tubus bestellen ließ. Die geernteten hochwertigen Deglet en-nour Datteln verkaufte ihr Großvater gegen Hirse und Mais. Als stolzer Nomade und Mohammedaner schaute Nalas Großvater verächtlich herab auf die gottlose Bevölkerung im Süden, auf das dar el abid, das Land der Sklaven, das sich den französischen Kolonialisten untergeordnet hatte.

Was das kriegerische Element betraf, so zogen die Tubus bis ins frühe 20. Jahrhundert zu Raubzügen in die Gebiete der Tuaregs und Bideyats aus oder plünderten die Hirsespeicher der Bauern in der Sahelzone. Überhaupt wurde den Tubus Skrupellosigkeit, Gerissenheit und Jähzorn nachgesagt, der mit einer raschen Konfliktlösung mittels der Zuhilfenahme eines Dolchs einherging. Waren dies jedoch noch keine direkten, für das Verständnis leicht nachvollziehbaren Gründe für eine Missbilligung einer Beziehung seitens der Eltern, so konnten nur politische und religiöse Faktoren Anlass für ein Verbot der Beziehung sein. Für Kenem N'Dabe wäre es undenkbar, einen Tubu in die Familie aufzunehmen, galten sie doch als die Anstifter der Revolution gegen die politischen Vormachtstellung Tombalbayes und somit der Sara und die Dominanz des Südens im Allgemeinen. Nach der Ermordung eines Soldaten durch Tubus in der Stadt Bardai im Jahre 1965 folgte die Erniedrigung eines ganzen Stammes durch die Vergeltungsaktion Tombalbayes Soldaten. Die Tubu-Frauen rasiert, entkleidet und geschlagen, die Männer vor den Augen der Frauen ausgepeitscht, schlossen sich große Teile der Tubus in dem tiefen Gefühl der Entehrung der sich in Libyen formierenden Widerstandsbewegung an. Nalas Vater war nicht nur ein Tubu, sondern, was erschwerend hinzukam, ein Mitarbeiter im Verwaltungsapparats Habrés, der auch dem Stamm der Tubus angehörte, und das hätte sein Vater, Paul war sich gewiss, niemals geduldet. Außerdem war er ein Muslim, und obwohl Kenem geschäftlich keine Einwände gegen Muslims hatte, war sich Paul jedoch sicher, dass dies nicht für das familiäre und private Leben gelten würde. Trotz ihrer intensiven Gefühle füreinander wussten Paul und Nala nur zu gut, dass ihre Liebe eine gefährliche Gradwanderung inmitten gefährlicher Schluchten unterschiedlicher politischer und stammesgeschichtlicher Meinungen war, die absolute Verschwiegenheit erforderte. Und so trafen sie sich an geheimen Orten. Am schönsten und romantischsten war es abends am Chari, wo die Piroggen leise und sacht dahintrieben, bis die Sonne im glühenden Rot unterging. Hier liefen sie, Arm in Arm, am Wasser entlang und redeten über sich und die Dinge, die in der Zukunft lagen. Wie gewohnt trafen sie sich an einem bestimmten Bootssteg. Von Weiten sah Paul sein geliebtes Tubu-Mädchen mit freudigem Lächeln entgegenkommen und nahm sie glücklich in die Arme.

„Nala. Ich dachte schon du könntest nicht kommen."

„Es war sehr schwierig. Mein Vater schaute so komisch, als ich nach dem asr-Gebet noch aus dem Haus ging."

Paul schaute sie fragend an, wie immer, wenn er etwas Neues über seine Freundin erfahren hatte, das im Gegenzug ein ständiges Lächeln bei Nala auslöste, die über die Unkenntnis des Kirdis, dieses Ungläubigen, amüsiert war.

„Paul, habe ich dir nicht von der *salat* erzählt? Die Gebetspflicht ist eine der fünf Pflichten, einer der Säulen des Islams."

Wieder schaute Paul sie mit seinen großen, runden Kulleraugen belustigt an.

„Oh Paul, wir scheinen aus zwei Welten zu kommen. Habe ich dir nicht von der *shahada*, unserem Glaubensbekenntnis, von dem alles ausgeht, erzählt? Auch das Glaubenbekenntnis ist eine der fünf Säulen."

Sie schaute Paul immer noch belustigt an, doch ein Hauch von Spott stand in ihrem Gesicht geschrieben, und sie setzte zur Erklärung an.

*"Ashadu anna la ilaha illa Llah Muhammad rasul Allah."*

„Es klingt so schön, wenn es aus deinem Munde kommt."

„Ich bezeuge, dass es keine Gottheit außer Gott gibt und dass Muhammad der Gesandte Gottes ist, und das *salat* ist die Gebetspflicht. Wir müssen fünf Mal am Tag als Akt der Demut und der Anbetung zu Allahs beten. Das schreibt der Koran vor. Und das asr-Gebet ist am Nachmittag. Allerdings beten wir nie in der frühen Morgendämmerung und nach dem Sonnenuntergang. Überhaupt beten wir sehr unregelmäßig. Wir sind nicht sehr strenggläubig. Na ja, und mein Vater macht sich immer solche Sorgen, wenn ich in N'Djamena alleine abends auf die Straße gehe. Als wir in Frankreich lebten, war ich öfters alleine weg, und er hat nie etwas gesagt."

„Was sind die anderen Pflichten bei euch?"

„Bist du interessiert oder fragst du nur aus Höflichkeit?"

„Ich will es wissen?

„Nun, eine Pflicht kennst du doch auf jeden Fall."

„Das Fasten."

„Richtig. Es ist die vielleicht am strengsten eingehaltene Glaubenspflicht, aber, wie du dir vorstellen kannst, auch die schwerste. Und weißt du, was komisch ist? Obwohl im Ramadan gefastet wird, nehmen viele während des Fastens zu." Wieder einmal schaute Paul Nala verwundert an und wartete auf die Enträtselung dieses Widerspruchs.

„Na, ist doch klar", rief Nala, stolz über ihr Wissen, aus, „von Morgengrauen bis Sonnenuntergang dürfen wir nichts essen. Aber in der Nacht dürfen wir so viel essen, wie wir wollen, und einige essen dann Unmengen, weil sie Angst vor dem Hunger am Tage haben und glauben, so den Hunger überwinden zu können."

„Und ihr müsst nach Mekka pilgern, nicht wahr?"

„Das ist eine weitere Pflicht. Jeder Muslim sollte einmal im Leben nach Mekka gepilgert sein. Das war vor vielen, vielen Jahren eine ungeheure Belastung. Und es soll auch nur der fahren, der es sich leisten kann. Es soll keine Belastung für die Familie oder mit Schuldenmachen verbunden sein. Und die letzte Pflicht ist das *zakat*, das Almosengeben. Es ist eine Steuer, die für die Bedürftigen und Armen verwendet wird."

„Was du mir über Paris erzählt hast, wo dein Vater im Tourismusbüro gearbeitet hatte, muss es dort wunderschön sein."

Paul hatte offensichtlich das Interesse an der Vorlesung verloren. Vielleicht war die Frage aber auch als Ausweg aus der Überlegenheit Nalas gedacht, eine Überlegenheit, die Paul bei Mädchen in seinem Alter nicht gewohnt war. Doch die Frage, wie Paul bald merkte, führte nicht zu dem erwünschten Effekt.

„Ich liebe Paris. Vor allen Dingen im Frühjahr. Wenn es bei uns so fürchterlich heiß ist, ist es dort so herrlich mild. Die Menschen gehen nach dem kalten Winter auf der Champs-Elysees spazieren. Man fährt mit einem Boot auf der Seine am Notre Dame vorbei oder du fährst mit einem Fahrstuhl auf den Eifelturm und schaust auf Paris hinunter. Ach, ich wünschte mir, wir wären dort nie weggegangen. Hier ist so viel Elend und Armut."

„Aber die Menschen dort, schauen sie dich nicht an, weil du schwarz bist?"

„Manchmal, aber wir schauen doch auch die *nazarahs* an, die Weißgesichter, die unser Land besuchen."

„Es muss komisch sein, als Schwarzer unter all den Weißen zu leben."

„In einer Weltstadt wie Paris oder London geht das noch. In einer Kleinstadt ist es schon unangenehm."

Hand in Hand gingen sie am Ufer des Charis entlang und schauten den Fischern bei ihrer Arbeit zu. Trotz des Glücks, mit Nala zusammen zu sein, schien Paul etwas zu bedrücken. Eine tiefe Melancholie hatte ihn ergriffen, die Nala nicht verborgen blieb.

„Was hast du, Paul? Du bist so schweigsam auf einmal."

„Ich werde dich wohl eine lange Zeit nicht mehr sehen können", begann Paul mit seiner Erklärung, „ morgen muss ich zurück nach Kouri Kouri, und ich habe das Gefühl, dass es bald losgehen wird."

Fragend schaute Nala Paul an.

„Vielleicht hast du gehört, dass Queddeis Anhänger zu Habré überlaufen, weil er ihnen eine Beteiligung an der Regierung versprochen hat."

Immer, wenn Paul über Politik sprach, klang er so furchtbar erwachsen und ernst, dachte Nala, als sie Paul die Neuigkeit bestätigte.

„Mein Vater hat es uns erzählt. Er ist davon sehr begeistert."

„Das kann ich mir denken, denn Habré wird nun, politisch gestärkt, versuchen, die Libyer aus dem Norden unseres Landes zu vertreiben, und das heißt Krieg."

„Daran habe ich gar nicht gedacht. Und du meinst, es wird bald losgehen?"

Paul nickte stumm.

„*Mais, je ne veux pas te perdre*."

Ihre Worte waren Balsam auf seiner Seele und er blieb stehen, um sie anzuschauen. Sie hatte Angst, Paul zu verlieren. In der Gewissheit, unbeobachtet zu sein, küsste er ihren hübschen Mund. Seit einem halben Jahr waren sie nun heimlich zusammen, doch Nala hatte sich bisher geweigert mit Paul zu schlafen, obwohl sie es sich von ganzen Herzen wünschte. Zu sehr fühlte sie sich eingebunden in die Tradition ihres Volkes. Sicherlich hatte Nala bereits gegen einige Normen verstoßen, die für sie, die in Europa gelebt hatte, keine Gültigkeit mehr hatten. Es schickte sich nicht für ein Tubu-Mädchen, ihre Gefühle gegenüber einem Mann, den sie liebte, zu äußern, schließlich wurden die Frauen ihres Stammes dazu erzogen, Äußerungen jeglichen Lustgefühls zu unterdrücken. Sinnlichkeit war eine Angelegenheit der Männer, die den Frauen vergönnt sein sollte, da sie nur die Aufgabe hatte, Kinder zu gebären. Ein langes Gespräch mit einem Mann in der Öffentlichkeit war daher ebenso verpönt wie ein kleiner Flirt. Dass sie mit Paul eine heimliche Beziehung eingegangen war und mit ihm in aller Öffentlichkeit spazieren ging, war im hohen Norden des Tschads ein schwerer moralischer Verstoß, mit dem sie hier im Süden des Landes jedoch, in der Hauptstadt, leben konnte, ohne ständig von Schuldgefühlen geplagt zu werden. Die Jungfräulichkeit, die Unschuld eines Tubu-Mädchens war jedoch ein so hohes Gut in dem Sittenkodex des Volkes, das schwer auf Nala lastete. Niemals würde sie die Hochzeit ihrer Schwester in Zouar vergessen. Die Ereignisse hatten sich unauslöschlich in ihr Gedächtnis eingeprägt. Dass der Bräutigam noch während der Hochzeitsnacht die Scheidung verlangte und alle Geschenke, die er dem Schwiegervater nach üblicher Sitte über einen langen Zeitraum hinaus überreicht hatte, zurückforderte, weil er die fehlende Jungfräulichkeit seiner Braut entdeckt hatte, war schon peinlich genug. Dass jedoch Nalas Schwester ihre Unschuld beteuert hatte und daraufhin von vier älteren, erfahrenen Frauen untersucht worden war, indem sie ein Hühnerei in ihre Vagina führten, war eine Situation, die Nala niemals in ihrem Leben erfahren mochte, zumal das Ergebnis die Anschuldigungen des Bräutigams bestätigte. Das Hühnerei rutschte, zum Leidwesen des Vaters, tief in die Vagina hinein, und so drohte die ganze Angelegenheit, die nebenbei Spott und Schande auf die Familie warf, ein finanzielles Fiasko für ihren Vater zu werden. Nur sein gekonntes diplomatisches Taktieren, verbunden mit dem Versprechen, den Bräutigam eine Reise nach Paris zu gönnen, ein Angebot, das der Bräutigam nun wirklich nicht ausschlagen konnte, überzeugte den Bräutigam von der Richtigkeit der getroffenen Wahl seiner Frau. Eine Wiederholung dieser Situation konnte und wollte Nala ihrem Vater nicht antun, denn sie liebte ihren Vater sehr. Und so hatte sie bisher alle Überredungskünste Pauls, der ihre Gründe kannte und durchaus verstand, entschlossen abgewehrt. Allerdings nahm Pauls starke Sehnsucht, mit Nala zu schlafen, von Woche zu Woche an Intensität zu. Wie lange, so fragte sich Nala insgeheim, konnte sie seinem Drängen widerstehen, spürte doch auch sie ein heißes Verlangen nach körperlicher Liebe. Sein Verlangen wurde fordernder, seine Küsse drängender. Sie entzog sich seinen Küssen, indem sie sich mit ihren Händen gegen seine Brust stemmte.

„Hör auf. Bitte. Wenn uns die Leute sehen."

„Aber es ist vielleicht unser letzter Abend zusammen."

„Paul, ich weiß, wie sehr du es willst. Und auch ich würde gerne mit dir schlafen, aber ich habe dir es doch erzählt, warum es nicht passieren darf."

Wenn Paul traurig war, wirkten seine Kulleraugen noch runder und größer und weckten das Mitleid Nalas, die ihn betrübt ansah.

*„Oh Paul, n`aie pas l'air si triste.* Weißt du überhaupt, wie viel Glück du schon mit mir gehabt hast? Ein anständiges Tubu-Mädchen würde sich nie mit einem Mann heimlich treffen. Wenn sie einen Mann mag und ihn heiraten will, muss sie ihm ein Schmuckstück von ihr geben. Wie das geschehen soll, das

bleibt dem Erfindungsreichtum des Mädchens überlassen. Der Mann muss auf jedem Fall einem Verwandten das Schmuckstück geben, und dieser muss bei der Familie des Mädchens angeben, dass der Mann es gestohlen hat. Der Diebstahl, der ja keiner ist, ist das Zeichen für die Familie, das der Mann das Mädchen heiraten will. Danach muss er dem Vater der Familie des Mädchens

Geschenke unterbreiten. Wenn der Vater des Mädchens die Geschenke nicht zurückgibt, ist dies das Zeichen für sein Einverständnis. Und dann dauert es fast zwei Jahre, bis der Mann sein Mädchen heiraten darf. Verstehst du nun, wie kompliziert unsere Umgangsformen sind?"

„Zwei bis drei Jahre?"

„Zwei bis drei Jahre", bestätigte Nala mit gespielter Ernsthaftigkeit, sah sie doch Pauls ungläubigen Gesichtsausdruck.

„Aber ... aber ... wer...wer weiß, was ...was in zwei Jahren alles passieren kann", stotterte Paul irritiert, dem eine so lange Zeit wie eine Unendlichkeit vorkam.

„Natürlich kann die Zeit auch verkürzt werden, wenn man den Vater höflich fragt", fügte sie, nun lächelnd, hinzu.

Mit gespielter Entrüstung, auf den Arm genommen worden zu sein, was die Dauer der Verlobungszeit betraf, zog er Nala fest an sich heran und küsste sie verlangender als je zuvor. Sie fühlte sein Verlangen in ihm, spürte etwas Hartes an ihren Schenkeln, und stöhnte leise auf.

„Du willst es doch auch", stöhnte Paul, „es wäre doch so schön."

„Aber wo sollen wir uns lieben?"

„Auf die Frage habe ich lange gewartet und deshalb einen Plan ausgedacht."

„Oh Paul!", heuchelte sie entrüstet, „das ist nicht fair. Du wusstest, dass ich irgendwann nachgeben würde, stimmt's?"

„Ich hatte es gehofft", gab Paul belustigt zu, „der Plan ist folgender. Ich hole den Schlüssel von der Werkstatt meines Vaters. Ich gebe vor, ich hätte etwas vergessen. Und dann können wir uns in der Werkstatt lieben."

„In der Werkstatt?"

„Da steht im Augenblick ein alter Mercedes, der repariert werden muss. Aber die Sitzbank ist schön weich", grinste Paul, überrascht über diese Idee, die ihm gerade spontan eingefallen war. Hin- und hergerissen überlegte Nala die Vor- und Nachteile des verlockenden Angebots. Aber sie durfte ihren Vater nicht enttäuschen. Eine weitere Schande würde er nicht überstehen.

„Ich ... ich ... ich kann nicht. Ich kann es meinem Vater nicht antun."

„Und wenn ich dir verspreche, dich zu heiraten? Dann wird es doch nie herauskommen, oder?"

„Wir müssten Hühnerblut auf die Matte legen, auf der wir unsere Hochzeitsnacht verbracht haben."

Erstaunt sah Paul sie an. Erneut musste Nala über seine großen Kulleraugen lachen, die sie ungläubig anstarrten.

„Am nächsten Tag nach der Hochzeitsnacht wird die mit Blut befleckte Matte für alle sichtbar nach draußen gehängt, als Zeichen, dass die Ehe endgültig vollzogen ist. Verstehst du?"

Paul musste über so viel Umständlichkeit lachen, doch es lag kein Spott in seiner Stimme, denn er liebte Nala, und er respektierte die Bräuche ihres Stammes.

*„Ashadu anna la ilaha illa Llah Mohammad rasul Allah."*

Erstaunt schaute Nala Paul fragend an.

„Ich habe es heimlich gelernt."

„Du willst doch nicht zum Islam übertreten, nur um mich zu heiraten?"

„Ich würde alles tun, um mit dir zusammen zu sein."

„Nur solltest du mit meinem Glauben keinen Unsinn treiben. Für uns kommt das *shahada* aus tiefsten Herzen."

„Es sollte auch keine Verunglimpfung sein. Komm, lass uns gehen und auf dem Weg zurück entscheiden, ob der Plan nicht doch durchführbar ist."

\*

Es war bereits dunkel geworden, als Paul das Tor zur Werkstatt leise aufschloss und es mit zittrigen Händen langsam, bedacht, keine verräterischen Geräusche zu erzeugen, die die Aufmerksamkeit der Menschen in den umliegenden Häusern erregen könnten, auf den Metallschienen rechts zur Seite rollte. Hinter ihm spürte er den Atem Nalas, als sie beide über die metallische Grenzlinie, die die Straße von dem dunklen Inneren der Werkstatt trennte, stiegen und den Raum betraten, der ihre Leben für immer nachhaltig verändern würde. Langsam tasteten sie sich zu dem Mercedes vor, der wie ein fremdes Objekt aus einer anderen Welt still und geheimnisvoll im Dunklen lag. Vorsichtig, an Werkzeugkästen und Stapeln von abgenutzten Reifen vorbei, näherten sie sich dem Wagen

PINNG.

„Aua!"

„Psst. Sei doch vorsichtig."

Der metallisch-scheppernde Klang eines auf den Boden gefallenen Schrauben-schlüssels verhallte höllisch laut in der kleinen Halle, die nach Motoröl und Gummi roch. Immer wieder stieß Nala, die den Raum nicht kannte, an etwas an, das sie für einen kleinen Augenblick vor Schreck auffahren ließ. Doch endlich hatten sie das Auto erreicht. Der Innenraum des zehn Jahre alten Mercedes 280 war so geräumig, wie Paul es versprochen hatte, stellte Nala zufrieden fest, als sie auf die vordere Sitzbank rutschte. Ihr Herz klopfte wild. Auch Paul, das spürte sie, war angespannt, der nun die Fahrertür leise ins Schloss fallen ließ.

„Na, wie gefällt dir das Auto?"

„Ich bin so nervös. Ich weiß nicht, ob es richtig ist, was wir hier tun."

„Wenn ich mir mal ein Auto kaufe, muss es ein deutsches Auto sein. Am besten ein Auto wie dieses."

„Oh Allah, hilf mir."

„Aber vermutlich wird es doch ein französisches Auto sein, bestimmt ein Peugeot. Wir haben dafür einfach mehr Ersatzteile."

„Ich weiß nicht ob ich es kann. Ich bin schrecklich nervös."

„Gefällt dir der Innenraum dieses Autos? Es ist ein Mercedes. Schau, alles aus Leder. Dafür, dass der Wagen schon ziemlich alt ist, ist das Leder noch gut erhalten. Fühl mal, wie kühl das Leder ist. Der Besitzer hat ihn billig in Kamerun gekauft. Das sagt er jedenfalls."

„Paul? Willst du es wirklich tun?"

„Hm."

„Aber?"

„Ich ... ich ...ich möchte, dass es wunderschön sein wird. Es ... es soll ... es soll unvergesslich sein."

„Das wird es. Komm! Zieh dich aus. Ich möchte dich nackt sehen."

Langsam, ihr aufs Wort gehorchend, zog Paul sich langsam vor den Augen Nalas aus, während Nala eine weiße Kaurimuschel aus dem Innern ihrer Tasche hervorholte und sie auf das Armaturenbrett legte. Wieder musste sie über Pauls verwunderten Blick grinsen.

„Ich überrasche dich jeden Tag mit neuen Sachen, was? Die weiße Muschel verfügt über die stärksten Abwehrkräfte, um böse Geister abzuwehren."

„Du glaubst noch an Geister?", fragte er Nala ungläubig, während er seine Hose langsam zu Boden fallen ließ.

„Obwohl wir durch den Einfluss der *senussi*, der Wanderprediger, die in unsere Dörfer kamen, zum Islam übersiedelten, haben wir irgendwie unseren alten Glauben doch nicht ganz abgelegt."

„Hm. Sag bloß, ihr bringt noch Opfer dar wie bei unseren Stammesmitgliedern, die keine Christen geworden sind."

„Hm. Manchmal. Meistens zur Dattelernte."

Doch Nala wechselte das Thema, als sie Pauls nackten Körper vor sich sah.

„Du bist schön. Du bist wirklich schön", flüsterte Nala Paul ins Ohr und griff zärtlich in seinen Schoß. Paul stöhnte leicht auf.

„Warte. Ich möchte dich sehen."

Sie ließ von ihm ab und entledigte sich langsam, tief in seine großen Kulleraugen schauend, ihres Boubous, das sie mit einem Schwung auf den Rücksitz der Nobelkarosse warf. Ihre schwarze Haut war makellos. Paul war überrascht von den wertvollen Schätzen, die unter dem langen, ärmellosen Gewand so lange verborgen geblieben waren, und während Paul ihre schweren, warmen Brüste zärtlich behutsam in seine Hände nahm, begann Nala die Reise ihrer Zärtlichkeiten fortzusetzen. Fasziniert von dem Objekt ihrer Begierde, das nun stolz in ihrer zärtlich manipulierenden Hand eingebettet lag, küsste sie Paul hart auf den Mund, der, überrascht von ihrer Initiative und überwältigt von den neuen Gefühlen, sich in ihrer warmen Hand ergoss. Wie ein kleiner Junge, der bei einer Unartigkeit erwischt worden war, schaute Paul beschämt auf den Boden, Nalas Blick ausweichend, der wie Feuer auf seinem Gesicht brannte.

„Paul, was ist?"

„Nichts."

„Schämst du dich deswegen?"

„Ich konnte es nicht kontrollieren. Ich wollte, dass es dir Spaß macht, verstehst du?"

„*Viens, caresse-moi! Je veux te sentir en moi.*"

Und während seine Hände sanft über ihren weichen Körper glitt und seine Zunge ihren Schoß eroberte, stöhnte sie vor Wollust auf, spürte das kühle Leder auf ihrer nackten Haut, und gab sich seinen Zärtlichkeiten genussvoll hin. Alle Angst, alle Bedenken waren in diesem Moment verflogen, und nachdem der Schmerz verklungen war, genoss sie seine rhythmischen Bewegungen und spürte, ihre Hände an seinen Hüften angelegt, jeden Muskel seines ölig glänzenden Körpers.

Erschöpft nach dem Liebesspiel saß Nala auf Pauls Schoß und erholte sich, ihren Kopf an seiner Schulter gelehnt, von dem süßen Glück, das sie von der Richtigkeit ihrer Entscheidung überzeugt hatte. Sie war sich in diesem Augenblick mehr denn je bewusst, dass sie sich mit Paul weiter von ihren Stammessitten entfernen würde. In ihrem Dorf im Tibesti Gebirge war es für eine Frau nicht sittlich, sexuelle Lust zu verspüren. Wie oft erinnerte sie sich an die Worte ihrer Mutter, die Nalas Schwester vor der Hochzeitsnacht über die Regeln des Rite de Passage eindringlich aufklärt hatte. Nala wusste nur zu gut, dass die Defloration während der Hochzeitsnacht ein gewaltsamer Akt sein musste, der darin gekennzeichnet war, das von der Frau ein Sich-zur-Wehr-Setzens erwartet wurde. Und so kam die Liebesnacht einer Vergewaltigung gleich, da der Mann den Eintritt in die Grotte erkämpfen musste. All dies sollte, so war sich Nala bewusst, die Selbständigkeit der Frau demonstrieren, die sich dem Diktat des Mannes nicht ohne Kampf ergab. So gesehen, und sie schaute verliebt in Pauls geschlossenen Augen, war diese Liebesnacht das Beste, was ihr passieren konnte.

Sie war glücklich, sexuelle Lust empfinden zu können, ein Privileg, das vielen Frauen in ihrem Land verwehrt blieb, und Nala dankte in diesem Augenblick ihren Eltern für die Entscheidung, sie nicht der Beschneidung ausgesetzt zu haben, die Frauen zu sexuellen Krüppeln reduzierte, nur um sie zur Treue zu erziehen. Nur zu gut wussten Nalas Eltern, dass die Beschneidung der Mädchen im Alter zwischen sieben und zwölf Jahren zum Alltag in ihrem Land gehörte und eine Unterlassung dieser Prozedur zu größten Beleidigungen führen konnte. Doch sie wollten ihrer Tochter lieber den Demütigungen ausgesetzt sehen, als ihr die grausamen Schmerzen ertragen zu lassen, die eine Entfernung der Klitoris oder gar eine zusätzliche Entfernung der Schamlippen ohne Betäubung mit sich bringen würde. Die Infibulation war in den Augen der Eltern eine unmenschliche und überholte, vorislamische Tradition, die im modernen Zeitalter keinen Platz mehr einnehmen sollte. Nala schaute zu sich hinunter, öffnete leicht ihre warmen Schenkel, und berührte ihre Vulva und stieß ein Seufzer der Erleichterung aus.

Doch was war das? War da nicht ein Geräusch am Tor der Werkstatt? Ohne auch nur eine Sekunde zu verlieren, rutschte Nala von Pauls Schoß hinunter, ergriff hastig ihren auf dem Rücksitz liegenden Boubou und streifte ihn schnell über ihren makellosen Körper.

„Was ist?"

„Da war jemand am Tor. Verdammt, wenn sie uns hier finden, sind wir erledigt."

Von Nalas Hektik angesteckt, begann auch Paul, sich hastig in der Enge des Autos anzuziehen.

„Verdammt. Ich kann mein Hemd nicht finden, es muss doch ..."

„Paul!"

„Vater?"

Pauls Vater stand plötzlich wie aus dem Nichts vor dem

Seitenfenster der Beifahrertür und lugte, seinen Kopf etwas gesenkt, um durch das Fenster schauen zu können, ins Innere des Wagens.

„Paul, was machst du hier?"

„Ich ... ich..."

„Du hast doch wohl nicht die Ledersitze ruiniert, oder?"

„Ich ... ich ..."

Die für den Vater äußerst überraschende Entdeckung der jungen Frau erübrigte eine umständliche Erklärung der Situation. Bestrebt, seine Überraschung, ja seinen Schock beim Anblick des jungen Mädchens zu verbergen, fragte Pauls Vater in einem bewusst beiläufig gehaltenen Ton nach ihrem Namen.

„Nala? Ein schöner Name. Seit wann kennen Sie meinen Sohn?"

Verlegen schaute Nala Pauls Vater an.

„Sie kann kein Sara", griff Paul helfend ein und schaute Nala aufmunternd an.

„Sie ist keine Sara? Hm."

Verlegen kratzte sich Kenem am Kopf. Wenn es keine Sara war, so war es doch hoffentlich keine Frau aus dem Norden. Hübsch war sie ja. Das musste er zugeben. Sehr hübsch sogar. Sein Sohn hatte einen guten Geschmack.

„Von welchem Stamm kommen Sie?", fragte er sie nun auf Französisch.

„Ich komme aus Bardai im Norden des Tschads, ich ..."

„Eine Tubu. Oh nein, mein Sohn schleppt ein Tubu-Mädchen an, na herrlich. Und ihr Vater ist bestimmt auch noch einer der Gefolgsleute Habrés, was? Ich meine, was sonst macht ein Tubu in N'Djamena."

„Ihr Vater", antwortete Paul mit einem Ton der Entrüstung, „ist in der Verwaltung tätig."

„Na herrlich. Komm, Paul, zieh dich an und bring das Mädchen sicher nach Hause. Ein Tubu-Mädchen, auch das noch."

Kopfschüttelnd wandte sich Kenem vom Wagen ab und schlenderte nachdenklich zurück zum Tor, wo er sich noch einmal, bevor er die Werkstatt verließ, umdrehte.

„Paul!"

„Ja, Papa."

„Wenn du mir die Sitze versaut hast, mache ich dich einen Kopf kürzer. Der Kunde will morgen das Auto abholen."

Ohne auf eine Antwort zu warten, trat Kenem aus der Halle heraus und lief, immer noch kopfschüttelnd, langsam heimwärts.

„Dein Vater ist komisch", wunderte sich Nala auf dem Weg zurück zu ihrem Viertel, Paul dabei irritiert anschauend, „er macht sich mehr Gedanken über das Auto als über unsere Beziehung."

„So ist er eben. Seine Autos und die Zufriedenheit seiner Kunden sind ihm sehr wichtig, vielleicht das Wichtigste überhaupt."

„Er wirkte gar nicht so erbost. Zuerst dachte ich, er würde mich an den Haaren aus dem Auto zerren, doch dann war ich beinah angenehm überrascht, wie leicht er damit fertig zu werden scheint."

„Und ich erst mal. Die ganze Zeit unseres Zusammenseins habe ich darüber nachgedacht, wie er wohl reagieren würde, wenn er über unsere Beziehung Bescheid wüsste. Und
jetzt ..."

„Jetzt ist es heraus. Bereust du es?"

„Was bereuen? Unsere Beziehung? Nein, es war heute Abend der schönste Tag in meinem Leben. Morgen muss ich nach Kouri Kouri zurück und ich werde an dich die ganze Zeit denken."

„Ich liebe dich, Paul."

„Ich liebe dich noch viel mehr. Du hast mein Leben so unsagbar bereichert."

Sie waren am Haus der Eltern Nalas angekommen. Noch einmal

fielen sie sich in die Arme, und er küsste ihre Wangen zum Abschied.

„Pass auf dich auf."

„Ich werde zurückkommen, und dann werden wir es deinen Eltern sagen, und dann heiraten wir, und dann werden wir die Liebesmatte mit Hühnerblut benetzen, und dann..."

„Lass uns nicht so viele Pläne machen. Komm du nur gesund nach Hause, hörst du."

Ein letzter Kuss. Eine letzte Umarmung.


*


Das Trommeln auf dem Dach des Wachturms hatte aufgehört. So schnell wie der heftige Regenschauer herangenaht war, so zügig war der Orkan weitergezogen. Die wohlwollende Haltung seines Vater war in der Tat mehr als erstaunlich, dachte Paul gedankenverloren, hatte er doch mit einer Gardinenpredigt bei der Rückkehr von seinem Liebesabenteuer gerechnet. Doch Kenem und auch Achta hatte ihn zwar besorgt, aber auch mit einem Hauch von Belustigung angeschaut, eingedenk der Tatsache, dass Kenem die beiden in einer äußerst peinlichen Situation ertappt hatte. Selbstverständlich hatten sie Paul über seine Vorstellung bezüglich der in Kenems Augen chancenlosen Zukunft zwischen einem Sara und einer Tubu, ja zwischen einem Christen und einer Moslemin, befragt, auf das er nur mit einem weisen „Liebe versetzt Berge" geantwortet hatte. Doch Kenem wusste nur zu gut, dass Nalas Vater niemals einer Heirat einwilligen würde, denn wenn nicht bereits ethnische Gründe eine Ablehnung rechtfertigen, dann mit Sicherheit religiöse Motive. Ein Moslem würde zwar eine Christin heiraten, aber eine umgekehrte Konstellation war einfach undenkbar. Und so war Kenem, der seinen Sohn wirklich liebte, eher besorgt über die leicht vorhersagbare Enttäuschung und Seelenqual, die auf Paul auf kurz oder lang zukommen würde, als über seine Beziehung mit einem moslemischen Tubu-Mädchen, die nun wirklich furchtbar hübsch aussah.

*„DEBOUT ! TOUT DE SUITE !* SCHLAFEN WÄHREND DER WACHE GIBT FÜNF TAGE ARREST!"

Paul hatte die Wachablösung glatt verpasst. Anstatt die Wachablösung vor dem Wachturm offiziell abzunehmen, saß Paul noch immer auf dem Fußboden, die Beine genüsslich ausgestreckt, und wurde nun aus seinem Halbschlaf durch einen schmerzhaften Fußtritt des wachhabenden Offiziers in seine Hüfte unsanft herausgerissen. Wieder landete der schwere Stiefel des Soldaten in seine Nierengegend. Sein tierisches Gebrüll war schwerer zu ertragen als der physische Schmerz.
„STEHEN SIE AUF, HABE ICH GESAGT! SOFORT!"
Nur mit großer Mühe, seine Gelenke schmerzten vom langen Sitzen auf dem Steinboden, erhob sich Paul vom Boden. Er verfluchte die Armee, die tägliche Routine, verbunden mit unzähligen erniedrigenden Schikanen, und er hasste die öde Monotonie langweiliger Abende in dem verstaubten Ort, die nur die Sehnsucht nach dem Zuhause weckte.
„MELDEN SIE SICH SOFORT BEI CAPITAINE ELEBO, VERSTANDEN!"
Paul hatte verstanden und machte sich ohne Widerrede auf den Weg zum Büro des Capitaines, nicht ohne vorher jedoch einen dritten, wiederum sehr schmerzhaften, Fußtritt in sein Hinterteil zu erhalten, der ihn weit aus dem Wachhaus katapultierte. Paul konnte schon erahnen, als er mit schweren

Beinen über den vom Regenwasser überfluteten Exerzierplatz trottete, dass die Androhung einer fünftägigen Haftstrafe keine leere Drohung war, und die Vorstellung in der Wellblechhütte, die als Gefängnis diente, der erbarmungslosen Hitze der Sonnenstrahlen ausgesetzt zu sein, die auch in der Regenzeit hohe Temperaturen erreichen konnte, erfüllte ihn mit Grauen. Nur unwillig betrat er das Büro des Offiziers, wo ein an der Decke montierter Ventilator, der auf der höchsten Geschwindigkeitsstufe seinen pflichterfüllten Dienst ordentlich und soldatisch zuverlässig verrichtete, eine angenehme, aber doch irgendwie unheilvolle Kühle produzierte.

„*Entrez*", rief der Adjutant unnötigerweise, der in wichtiger Büroarbeit vertieft war, "sie kommen gleich dran."

Paul setzte sich auf den Stuhl. Unbehaglich rutschte er nervös auf dem Stuhl herum. Er fürchtete sich vor dem Gefängnis, in dem schon viele, sehr viele Soldaten in Einzel- oder gar in Dunkelhaft ihre Strafe absitzen mussten und als gebrochene Menschen wieder herausgekommen waren. Endlich, es kam Paul wie eine Ewigkeit vor, öffnete sich die Tür des Capitaines. Ein breitschultriger, mächtiger Mann von mindestens zwei Metern Größe stand im Eingang der Tür. Sein düsterer Blick tastete über die Schulter des vor ihm sitzenden Adjutanten den Vorraum ab und fixierte schließlich Pauls Gesicht.

„Schütze N'Dabe! Kommen Sie rein."

Langsam, mit dem Gefühl, das Schafott seiner Hinrichtung zu betreten, betrat er ängstlich das Büro, wo ein großes Bild des Präsidenten übermächtig an der Wand hing und auf Paul drohend hinunterschaute. Er wagte sich nicht zu setzen und wartete auf die Anweisung Elbos, der sich nun in den großen, schweren Chefsessel hineinfallen ließ.

„Wie kommen Sie dazu, während der Wache zu schlafen, hm?"

„Ich ...ich ...", begann Paul stotternd.

„Sie scheinen nicht zu wissen, wie gefährlich es ist, während der Wache zu schlafen."

„Ich ...".

„Ruhe. Jetzt spreche ich. Wissen Sie eigentlich, dass jetzt wieder so einige Rebellengruppen hier in dieser Gegend herumschleichen und ihr Unwesen treiben? Besonders Gefolgsleute von Queddei, die nur darauf warten, Schwachstellen zu finden. Wir haben Krieg und Sie pennen ganz gemütlich während der Wache."

Bevor Paul eine Antwort geben konnte, war Elebo von seinem Sessel aufgestanden und wanderte bedrohlich nahe an Paul vorbei, der es nicht wagte, den mächtigen Mann mit seinem Blick zu verfolgen und es vorzog, starr geradeaus zu schauen.

„*Peut-être*", begann Elebo, einen Schritt näher tretend, *„peut-être vous êtes un sympathisant des rebelles.*"

Paul zuckte merklich zusammen, wusste er nur zu gut, was dies bedeuten könnte, ein Sympathisant der Rebellen oder gar ein Informant zu sein.

„Ich habe Mittel, um es aus ihnen herauszubekommen, verstehen Sie? Es gibt Leute, die darauf spezialisiert sind."

„Ich habe nur leicht geschlafen und an meine Freundin gedacht."

„An ihre Freundin? Ach, wie süß", flüsterte Elebo in den Raum hinein, und es klang bedrohlicher als jede laut in den Raum gebrüllte Anweisung, "an seine Freundin hat er gedacht. Wissen Sie, was der Fehler war? Solche wie Sie vom Stamm der Sara, und dazu noch ein Christ, einzuziehen. Das war ein großer Fehler. Ich habe das Gefühl, dass Sie bald zeigen können, was in Ihnen steckt.

„SIEBEN TAGE VERSCHÄRFTER ARREST. GARDE ! Führen Sie den Mann ab."

„Das können Sie doch nicht machen. Ich habe doch nicht fest

geschlafen."

„Vierzehn Tage verschärften Arrest. Ich dulde keine Widerrede."
Die Wachmannschaft hatte Paul an den Armen ergriffen und ihn
widerwillig aus den Raum gezerrt und führte ihn nun zu den
Wellblechhütten am äußeren Rand der Garnison. Vierzehn Tage
Einzelhaft bei einer Tagesration von einer wässrigen Suppe und
einem Stück Brot konnten einen Mann in der fauligen Hitze der
Zellen zum Wahnsinn treiben; doch war es nicht besser, den
Hunger mit herumkriechenden Insekten zu stillen, die Ratten,
die nachts durch die Gitterstäbe gekrochen kamen, mit
Fußtritten abzuwehren, die brütende Hitze im Dämmerzustand
zu ertragen als der absoluten Willkür des Offiziers ausgesetzt,
von seinen Folterknechten am Penis und Hoden mit
Elektroschocks gefoltert zu werden, um irgendwann nach einem
unter höllischen Schmerzen erpresstes Geständnis zu Tode
geprügelt zu werden? Seit fünf Tagen nun suchte Paul Trost in
diesem Gedanken, der ihm half, die physischen Qualen der Haft
zu überstehen. Bisher weigerte er sich, dem nagenden Hunger
nachzugeben und die Wanzen mit seinen Händen einzufangen,
die verzweifelt mit ihren behaarten Beinen in den
vertrockneten, rissigen Handflächen herumkrabbelten um sie,
nachdem der Panzer der Wanzen mit einem knackenden
Geräusch zerdrückt worden war, in seinen Mund zu führen.
Immer wieder krochen gelbe, fingerdicke proteinhaltige Raupen
auf dem Boden mühsam entlang. Noch war sein Hunger nicht
qualvoll genug, um die Raupen als eine willkommene
Zusatznahrung zu betrachten, und so freute er sich wie ein
kleines Kind auf die tägliche Ration Suppe, die er trotz seines
Hungers nur langsam, mit zittrigen Händen aß und das Stück
Brot als Höhepunkte des Tages auf den Tag verteilte. Doch der
Durst war quälender als der Hunger. Wann immer ein
Wachtposten vorbeikam, klopfte Paul verzweifelt gegen die Tür

und bat vergeblich nach einem zweiten Becher Wasser. Nur manchmal, wenn der Regen so stark war, dass er durch die Ritzen des Wellblechdachs tröpfelte, hielt er seine Hände, zu einer kleinen Schüssel geformt, unter die warmen Wassertropfen und trank gierig die kleinen Wasserpfützen in seinen Händen. Doch es regnete immer seltener und dies verschlimmerte Pauls Leiden in der kleinen, dunklen Zelle,

die nur vier Schritte auf und ab erlaubte. Eine harte, hölzerne Pritsche im Sichtbereich des kleinen Gucklochs in der Tür und ein Eimer für die Notdurft, der nur alle drei Tage geleert wurde, waren die einzigen Annehmlichkeiten in der Zelle. Ein winziges, vergittertes Fenster, zu hoch, um herausschauen zu können, erlaubte einen dünnen Lichtstrahl ins Innere der Zelle, und wenn auch Paul nicht mehr wusste, welcher Tag es war, so hatte er zumindest ein rudimentäres Zeitgefühl, das durch Helligkeit und Dunkelheit bestimmt war, nicht verloren, und er war froh über jede Kleinigkeit, die ihm den Kontakt zur Außenwelt ermöglichte. Auf seiner Pritsche liegend, lauschte er den Geräuschen in der Nacht, wenn sie am intensivsten wirkten. Immer wieder gab es Mithäftlinge, die versuchten, durch ein rätselhaftes Morsezeichen, das Paul nicht verstand, mit ihm Kontakt aufzunehmen, denn Sprechen war nicht erlaubt und wurde mit Stockhieben und zusätzlicher Rationierung der bereits dürftigen Verpflegung bestraft. Doch wer glaubte, dass das Klappern mit dem blechernen Wassernapf die Nachsicht der Gefängniswärter mit sich brachte, sah sich beim plötzlichen Hereinpreschen des Wachpersonals, die mitleidslos auf die wehrlosen, entkräfteten Häftlinge mit ihren schweren Knüppeln einprügelten, getäuscht. Und so durchbrachen neben den Flüchen und Keuchen der unter Anstrengung schwitzenden und prügelnden Gefängniswärter nur die Schmerzensschreie der einsamen Häftlinge, die Kommunikation suchten und letztendlich fanden, die Gefängnisstille. Jedes flehentliche Bitten um Einhalt, um ein Funken von Menschlichkeit, wurde von den Hütern des Militärgesetzes konsequent missachtet.

Paul hatte Angst. Die Angst schloss sich wie ein unsichtbarer Würgegriff um seinen Hals und er glaubte ersticken zu müssen, wenn er die Klopfzeichen hörte, die die Wachtposten zum Einschreiten zwang. Jedes beklemmende Geräusch ihres Herannahens ließ Pauls Herz bis zum Hals klopfen. Paul fürchtete sich vor der Willkür ihrer Handlungen. Woher wussten die Wärter, hinter welcher Zellentür das Scheppern und Rattern erzeugt wurde? Vielleicht ergriffen sie irgendeinen Häftling und prügelten wahllos auf ihn ein, als kollektive Abschreckung. Es konnte jeden treffen. Seine Angst wuchs von Tag zu Tag. Er erinnerte sich an die Worte Elebos und fürchtete sich vor den Mitteln der Spezialisten, die alles aus einem herausbekamen, auch wenn nichts herauszubekommen war, weil es nichts herauszubekommen gab. Frei von Schuld, gab es nichts zu gestehen, doch die Gepeinigten gestanden alles. Paul war kein Sympathisant der Rebellen, aber er würde einer deren sein, sobald die Schmerzen einsetzen würden. Das wusste Paul, und so fürchtete er sich umso mehr vor dem Öffnen der Zellentür, das ihm die Freiheit oder die Tortur und den anschließenden Tod bringen würde. Doch was war dies für eine Freiheit? Eine Freiheit beim Militär war eine Freiheit so frei wie die Freiheit eines Bettlers in N'Djamena, dachte Paul, und verfluchte seinen Dienst beim Militär zum wiederholten Male. Er hasste die langen Märsche durch die heiße, trockene Wüste. Er hatte aufgehört zu zählen, wie viele von ihnen in der Wüstenhitze vor Erschöpfung einfach zusammengesackt waren und mit Fußtritten der Ausbilder verächtlich zum Weitergehen aufgefordert wurden. Er hatte es satt, im Toyota-Geländewagen durch die ebene Wüste zu rasen und mit Panzerfäusten

Panzerattrappen zu vernichten. Und obwohl Paul besser schoss als einige der schwerbewaffneten französischen Fallschirmjäger, die er auf einem Schießstand zufällig kennen gelernt hatte, empfand er keine Genugtuung in der Kunst des kunstvollen Erschießens eines imaginären Gegners in der Form einer passiven, wehrlosen Attrappe, die sich bald, darin war sich Paul bewusst, in einen konkreten Gegner verwandeln sollte, der zurückschießen würde. Je deutlicher Paul sich seiner Situation bewusst wurde, desto intensiver wurde sein Wunsch, die Werkstatt seines Vaters zu übernehmen und ein relativ freies und friedliches Leben mit Nala zu leben. Und für einen Augenblick beneidete Paul seinen Vater, dessen Lebensweise er nicht beneidenswert gefunden hatte. Und Nala? War ein Leben mit ihr wirklich möglich? Gedanken. Die verfluchten Gedanken, die einen zermarterten. Die Ungewissheit, die einen zermürbte. Die Hitze, der Schweiß, der Gestank in der Zelle. Der Hunger, der Durst, der furchtbare Durst. Wasser! Er musste raus hier! Raus aus dem Loch! Doch was war, wenn sie ihn einfach hier drin behielten? Nein. Nur das nicht. Lieber sterben auf dem Feld im lauten Rasseln der Panzerketten, als leise und unbemerkt in der Zelle zu verrecken. Waren die vierzehn Tage nicht schon vorbei? Schrei! Rufe Hilfe! Nein, schrei nicht. Kontrolliere die Angst. Ruhig bleiben. Sie brauchten jeden Mann im Krieg. Auch einen Sara. Waren sie überhaupt noch da? Die Soldaten! Wo waren die Kameraden? Kameraden? Waren es wirklich Kameraden? Ruhig. Nichts zu hören. Kein Gefangener war zu hören. Befreit. Sie waren entlassen worden, um mit der Einheit in den Krieg zu ziehen. Ausgezogen. Sie waren ausgezogen in den Krieg. Ohne ihn. Ohne ihn. Allein in der Garnison. Hilflos allein. Nala! Nala! Mutter. Vater.

„ICH WILL RAUS HIER! RAUS! ICH WILL RAUS AUS HIER! HOLT MICH RAUS, IHR SCHWEINE!"

Fußtritte! Nein! Sie sind noch da! Gott! Die Tür!
„Da ist er!"

# 3

Die Oase Faya-Largeau lag im warmen weichen Licht der Nachmittagssonne, als die Soldaten der Garnison Kouri Kouri in ihren Toyota-Jeeps in den kleinen Ort hineinfuhren. Trotz der viertägigen, anstrengenden Fahrt durch den Bahr el Ghazal in nördliche Richtung war den *combattants* die Erschöpfung auf den ersten Blick nicht anzumerken. Die Kalaschnikows locker um ihre Schultern hängend, saßen sie mit lichtreflektierenden Sonnenbrillen und aufgekrempelten Khakihemden lässig zurückgelehnt in ihren Jeeps und erwiderten die freundlichen Grüße der Bewohner mit betont saloppen, kurzen Handbewegungen. Wären nicht die Maschinengewehre und die seitlich an den Jeeps anmontierten Vorrichtungen für Panzerfäuste oder Flaks zu erkennen gewesen, es hätte den Anschein gehabt, als ob eine Gruppe Touristen in den Ort zur Besichtigung des Kamelmarktes eingedrungen wäre. Doch die Gesichter, hinter den *Chechs* und den dunklen Sonnenbrillen versteckt, verrieten die Erschöpfung der *Combattants*, die froh waren, endlich die Perle des Nordens erreicht zu haben. Nicht nur die ermüdende Fahrt durch die Sandwüste des Erg du Djourab mit ihren Sicheldünen und *Fech-Fechs*, den unendlichen Weichsandfeldern, die sogar die Jeeps im Sand versacken ließen, verhinderte eine zügige Fahrt nach Faya, sondern auch die von den zurückweichenden Libyern verminte Passage Richtung Norden erschwerte die Vorwärtsbewegung der kleinen Kompanie. Immer wieder musste der Trupp anhalten, um den

Weg von Minen zu befreien. Und so war es nicht verwunderlich, dass sechs oder gar sieben Stunden benötigt wurden, um 160 Kilometer zurückzulegen. Nun endlich hatte die Einheit ohne direkte Feindberührung die Oase erreicht. Die Soldaten wurden als Befreier gefeiert, ohne jedoch einen Schuss aus ihren Kalaschnikows abgefeuert zu haben.

Seit Queddeis Gefolgsleute sich von ihrem Anführer, der mit seinem Verbündeten Ghadhafi in Konflikt geraten war, abgespalten und sich Habré angeschlossen hatten, der sie von der Notwendigkeit eines Kriegs mit Libyen, mit dem Ziel der Rückgewinnung des nördlichen Tschads, überzeugen konnte, waren die libyschen Militäreinheiten im Rückzug begriffen und sammelten sich in der einhundertachtzig Kilometer nordwestlich von Faya gelegen Oase Aozou, der Mittelpunkt des von Libyen annektierten Aozou-Streifens, zum allumfassenden Gegenangriff. Ein neuer Oberbefehlshaber der Truppen Habrés war entschlossen, ungeachtet der militärischen Überlegenheit Libyens, Ghadhafis Ambitionen im Norden des Tschads endgültig zunichte zu machen. Der Auftrag der Kompanie war die Zerstörung des vermuteten Panzerverbands, das, französischen Geheimdienstnachrichten zu Folge, zur Verstärkung der libyschen Infanterie nach Wadi Dum beordert worden war. Nach Ankunft in Faya-Largeau sollte die Kompanie zu den kämpfenden Einheiten zustoßen und sich in kleine Zellen aufteilen, um mit der von der Frolinat erprobten Hit-and-Run-Taktik den Wirkungskreis der Panzer mit wendigen, bewaffneten Toyota-Geländewagen auszuschalten.

Nach der flimmernden Hitze in der kargen, konturlosen und sandgrauen Wüste, die durch Lichtspiegelung trügerische Irrbilder in den erhitzen Köpfen mancher Soldaten produzierte, war die Oase mit ihren grünen Palmen greifbare Realität, fern von jeglicher Fata Morgana. Kühle, schattige Gärten von hohen

Palmen umgeben, in denen gelbe Zitronen, rote Tomaten und frische, grüne Melonen darauf warteten, geerntet zu werden, prägten das bunte Bild eines Paradieses, wo hellgrüne Weizenfelder und Vogelgezwitscher ein Gefühl der Freiheit und der Herrlichkeit in den Herzen der Soldaten freisetzte. Nur die unübersehbaren Kriegsschäden beendeten jäh das Gefühl von Fröhlichkeit und Ausgelassenheit. Einige Gärten waren durch Bombenkrater vernichtet. Kleingeschrumpfte, von Millionen Fliegen bedeckte Kamelkadaver lagen überall verstreut auf den Wegen, es stank nach Tod und Ausgebranntem. Die Gebäude zerbombt, die schwärzlich ausgebrannten, erbeuteten und ausgeschlachteten Panzer ohne Ketten, in denen noch verkohlte Leichen Zeugnis von der Sinnlosigkeit der Schlacht abgaben, eiserne, fremdartige Ungetüme im zerschundenen Garten Eden, die Lastwagen mit zerschossenen Fensterscheiben, ohne Reifen, ohne Plane, deren nackten Eisenstangen wie ein Gerippe aus dem Torso herausragten, bot sich den Soldaten ein Bild der Verwüstung und des Grauens. Langsam fuhren die Soldaten in ihren Geländewagen, nicht mehr so lässig, nicht mehr so erhaben, ihre Kalaschnikows nun schussbereit in ihren Händen haltend, durch den zerschossenen Ort in Richtung des Marktes, wo bereits Männer feuchten Lehm in rechteckigen Kästen in der Sonne stapelten, um mit dem Wiederaufbau der Gebäude so schnell wie möglich zu beginnen. Auch das bunte Treiben der bunt gekleideten Frauen auf dem Markt, die Datteln, Salz, Tomaten und Salat verkauften, zeugte von einer einsetzenden Normalität in der Oase.

Halim Sayed sprang behänd vom Toyota herunter, nachdem die Truppe die Stelle, wo sie ihr Camp errichten sollten, erreicht hatte und begann mit dem Aufbau der Zelte. Halim gehörte zum Stamm der Bideyat, der in der Provinz Ennedi im Nordosten des Landes angesiedelt war. Nicht nur im gleichen Jahr, sondern erstaunlicherweise im gleichen Monat, in dem Ibrahim Abatcha, Anführer der Frolinat, im Februar 1968 getötet wurde, erblickte Halim in Fada, ein kleiner Ort in der Nähe des Sudans, das Licht der Welt. Diese rein zufälligen, zeitlich parallelen Ereignisse, die dem einen das Leben, dem anderen den Tod gaben, hatte nur insofern eine Bedeutung, als Halims Vater, Mohamad, ein überzeugter Mitstreiter der Nationalen Befreiungsfront im Kampf gegen die Marionetten im Süden war und auch aktiv an vereinzelten Kämpfen mit Regierungssoldaten teilgenommen hatte. Seine arabischen und nicht zuletzt seine französischen Sprachkenntnisse jedoch, die er als Handwerker in dem sudanesischen Ort El Fasher gelernt hatte, wo sein Vater ihm aufgrund seiner Handelskontakte eine zukunftsträchtige Arbeitsstelle beschaffen konnte, machten ihn zu einem wertvollen Mitarbeiter im Bereich der Propaganda, zumal Mohamad das Glück hatte, schreiben lernen zu dürfen. So schrieb Mohamad Flugblätter, die zum Boykott der Steuern, der großen Schlachthäuser und der großen Baumwollfirma im Süden aufforderten. In Fada aufgewachsen, siedelte die Familie jedoch 1979 in den ehemals feindlichen und verhassten Süden des Landes, nach Moundou, über, wo Halims Vater nach der politischen Machtübernahme durch Habré und Queddei, die sich nun gegenseitig befehdeten, eine von Queddei vermittelte Übersetzerfunktion bei der einst boykottierten, staatlich geführten Baumwollfirma Cotonchad erhielt. Hier in Moundou wurde auch Halim der französischen Sprache mächtig, und sein Vater verdiente genug, um seinem Sohn eine schulische Erziehung zu garantieren.

Obwohl Halim Sayed ein „Nordist" war, vermochte Paul ein Gefühl von Sympathie für seinen Zimmergefährten in der Garnison nicht verhehlen. Und wie der Zufall es so wollte, waren Halim und Paul im gleichen Geländewagen der Kolonne, nur ihre

Aufgaben waren verteilt. Halim hatte als Fahrer die Aufgabe, taktisch clever aus schützenden Felsvorsprüngen herausgeschossen zu kommen, um sich dann hinter oder neben den zu zerstörenden Panzer zu setzen, so dass Paul, als guter Schütze bekannt, seine Panzerfaust in Richtung des Zielobjektes abfeuern konnte, bevor der Feind sich eingeschossen hatte.

Und je öfter sie ihre Übungen, die über Leben und Tod entschieden, im Manöver trainiert hatten, desto verschworener wurde ihre Gemeinschaft. Rein äußerlich bildeten sie ein seltsames Paar. Trotz seines feinen Äußeren waren die negriden Züge Pauls unverkennbar und hoben sich deutlich von den eher arabischen Gesichtszügen Halims ab, der auch mit seiner Größe von ein Meter zweiundneunzig Paul um einen halben Kopf überragte. Pauls große Kulleraugen verliehen ihm in keiner Weise den Ausdruck eines erbitterten, zu allem entschlossenen, stahlharten Kriegers. Viel eher war er ein gutmütiger Krieger, ein Krieger, der keinem etwas zu Leide tun konnte. Zwei Jahre älter als Paul war Halim auch der Stärkere im Nahkampf und gewann stets gegen Paul. Nur beim Schießen hatte Paul die Nase vorn, was Paul des Öfteren zu der Äußerung verleiten ließ, so einen "arabischen Riesen" niemals auf Armlänge an ihn herankommen zu lassen, denn seine Kugel würde schneller und sicherer im Ziel sein als der schraubstockartige Würgegriff seines Kameraden, eine Äußerung, die Halim traurig stimmte, war er sich doch bewusst, niemals seinen Kameraden physisch angreifen zu wollen. Obwohl Paul politisch eher desinteressiert war, hierin ähnelte er seinem Vater Kenem am deutlichsten, führten er und Halim lange Streitgespräche über die Vorurteile des Nordens gegenüber dem Süden. Halim war ein ehrlicher Mensch, der offen über sich und seine Umwelt sprach. Dass sein Vater nun für Cotonchad arbeitete, die in früheren Jahren die Bevölkerung mit Niedrigpreisen für die abgelieferte Baumwolle ausgebeutet hatte, war für Paul ein Zeichen der Korruption und Heuchelei, da im Endeffekt jeder seine politische Meinung zugunsten persönlicher Vorteile ändere. Für Halim war es kein Widerspruch an sich, da sich die politischen Verhältnisse im Süden geändert hatten und somit auch die Verhältnisse in der Firma. So stritten sie sich des Öfteren, aber es waren eher Sticheleien als ein Austausch ernsthafter politischer Grundeinstellungen. So unterschiedlich sie in ihrem Äußeren waren, so verschiedenartig waren sie in ihrer Religionsausübung. Während Paul dem Christentum eher gelassen gegenüberstand, war Halim ein gläubiger Muslim, der die Gebetspflicht devot einhielt und nur beim Alkohol ab und zu seine Standfestigkeit, was den Glauben betraf, vermissen ließ. Aber wenn Halim seine Gebetsmatte hervorholte, sich in Richtung Mekkas orientierte, und mit der Prozedur des Gebetrituals begann, das immer mit dem Aufrechtstehen und dem Aussprechens des *Allahu akbar* initiiert wurde und, nach der Hockstellung, den Höhepunkt der Demut in der Niederwerfung auf der Gebetsmatte fand, dann war schon einen gewisse Bewunderung in Pauls Augen über Halims überzeugten Glauben an Allah sichtbar, und er dachte stets in diesen Augenblicken an Nala.

Paul half Halim beim Aufbauen der Zelte, nachdem er die auf dem Toyota aufgestockte Munition für die Panzerfaust sorgfältig überprüft hatte. Ihre Einheit bestand aus dreiundachtzig Mann, wobei sie in zwei Waffengruppen aufgeteilt waren. Die eine Hälfte war mit neuen, von den USA und Frankreich gelieferten Flak und Stinger Raketen ausgerüstet, die das Ziel hatten, luftunterstützte Angriffe abzuwehren, während Paul und vierundvierzig weitere Solden, jeweils drei in einem Toyota, die heldenhafte Aufgabe erteilt wurde, den zu vermutenden Panzerverband der Libyer auf den

Hochflächen des Tibestis zu vernichten oder zumindest zu stoppen. Es hatte sich in den bisherigen Kämpfen tatsächlich herausgestellt, dass die Geländewagen mit ihren anmontierten Flakgeschützen schneller und wendiger waren als die schweren und behäbigen Panzer des Typs T 80. Dennoch war es nicht leicht, in schneller Fahrt über holprige Pisten die Panzer anzuvisieren und zielgenau zu treffen. Es würde der erste Kampfeinsatz der neu formierten Einheit sein, und je näher der Tag herannahte, desto bedrückender wurde die Stimmung unter den Soldaten in Angesicht der militärischen Überlegenheit der libyschen Streitkräfte. Halim nahm es gelassen und berief sich fatalistisch auf Allahs Wille, der einem sagte, wann es Zeit war zu sterben, doch so recht wollte Paul Halims äußere Gelassenheit nicht glauben.

Ein französisches Aufklärungsflugzeug flog hoch über ihnen in feindliche Richtung. Halim konnte die Konturen der Mirage deutlich im Fernglas und im Licht der untergehenden Sonne erkennen. Sicherlich würde die französische Luftwaffe weder die libyschen Stellungen im Aozou-Streifen noch den libyschen Luftwaffenstützpunkt Ma'tan as Sara angreifen, war doch Mitterand sicherlich nicht an einer direkte Konfrontation mit Ghadhafi interessiert. Aus diesem Grunde hatten Paul und Halim keine französischen Bodentruppen angetroffen, obwohl, wie Sergeant Moubori ihnen stolz verkündet hatte, dreitausend Fallschirmjäger und ein gewisses Kontingent an französischen Legionären in den Tschad geschickt worden waren. Das Aufklärungsflugzeug war so schnell am Himmel verschwunden, wie es gekommen war. Halim legte sein Fernglas zur Seite und bereitete sich auf das Abendgebet vor seinem Zelt vor. Er war während des Abendgebets von jeglicher Beschäftigung befreit, und so musste Paul allein trockenes Brennholz für das nächtliche Lagerfeuer suchen. Von weit entfernt war das dumpfe Grollen und Donnern von Granatwerfern zu hören. Einige versprengte libysche Kampfverbände lieferten noch Widerstand, doch wenn Aozou in den nächsten Wochen fallen sollte, waren die Libyer im Tschad erledigt und Ghadhafi konnte sein Hegemonialstreben mitsamt seinen toten Soldaten begraben. Wie das dunkle Herannahen eines Gewittersturms erhellte sich ab und zu der Horizont im hellen Mündungsblitz der dumpf donnernden Kanonen.

Schweigsam saßen die müden Soldaten um mehrere kleine Lagerfeuer verteilt und schlürften den heißen, stark gesüßten Tee, der belebend auf die müden Geister wirkte. Sie genossen das herrliche Abendessen, das bisher immer sehr schmackhaft war, unter dem klaren Sternenhimmel, und während sie das Gazellenfleisch in mundgerechte Stücke mit ihren Fingern zerkleinerten, tauschten sie Geschichten aus ihrer Heimat aus. Geschichten, die ihr Heimweh linderten, aber auch verstärkten. Die Sterne warfen kaltes Neonlicht zwischen den Palmenhainen auf den Sand vor ihren Zelten. Eine Sternschnuppe verglühte hoch über ihnen, einen unendlich langen Schweif hinter sich herziehend. Es hatte den Anschein, als ob der Schweif vor ihnen in den Boden einschlagen würde. Paul genoss diesen romantischen Augenblick des Verbundenseins mit der Unendlichkeit des Universums, doch wurde es bald von einem Gefühl der Verlorenheit ersetzt. Noch nie war Paul so weit von zu Hause entfernt. Auch Paul übermannte eine plötzlich einsetzende Sehnsucht an Daheim, doch in der Angst, in seinen Gefühlen von den anderen durchschaut zu werden, biss er entschlossen, nachdem das *Bismallah*, der Segensspruch verkündet worden war, in das zarte Gazellenfleisch, das mit Nudeln und einer Sauce hergerichtet worden war. Herzhaft kauend schaute Paul sich im Lager um. Sie alle waren nicht wesentlich älter als er. Junge, müde und ängstliche Gesichter, die sich wie Paul wünschten, bei ihren Eltern in vertrauter Umgebung zu sein. Einige der älteren Soldaten spielten Karten oder tranken Argi, ein starkes, alkoholisches Getränk aus vergorenen Datteln, das sie schnell in eine tiefe Besinnungslosigkeit abdriften ließ. Paul schaute zu Halim herüber, der ihn grinsend anschaute. Sein Grinsen störte Paul. Es passte nicht zur angespannten emotionalen Befindlichkeit der Truppe. Mit dem Teller in der Hand rutschte Paul zu Halim herüber.

„Ein schöner Abend, Paul, nicht wahr", kommentierte Halim die friedliche Stille um sie herum, das nur von dem Knistern des Lagerfeuers gestört wurde, wo manchmal kleine rötliche Funken in den nächtlichen Himmel stiegen.

„*N'as-tu pas peur de mourir demain*? ", flüsterte Paul in die Stille hinein.

„Wer spricht vom Sterben? Natürlich, es ist Krieg, aber weißt du, ob du morgen sterben musst? Vielleicht lebst du nach dem Kampf viel länger und wirst hundert Jahre alt."

„Ich habe Angst, ein bisschen, jedenfalls."

„Es wäre falsch, keine Angst zu haben. Wer keine Angst hat, stirbt leichter. Aber was morgen passiert, ist Gottes Wille. *Inschallah*."

Wie oft hatte Paul schon dieses *Inschallah* gehört. Von Halim strahlte eine Ruhe aus, die Paul bei sich sehr oft vermisste.

„So, wie du sprichst, ist das Leben vorherbestimmt, nicht wahr?", fragte Paul seinen Freund, der immer noch in den Himmel schaute und konzentriert Ausschau nach neuen Sternschnuppen hielt.

„Also belässt Allah im Irrtum, wen Er will, und Er leitet recht, wen Er will. Sure 74, 34", verkündete Halim mit dem Brustton tiefster Überzeugung, "das Leben ist vorherbestimmt. Da kannst du gar nichts gegen machen."

„Aber dann ist der Mensch nicht frei. Er kann nicht selber entscheiden. Wenn jemand einen Menschen tötet, kann dieser Mensch also nicht darüber entscheiden. Es passiert halt", protestierte Paul vehement, doch ein neuer aufkeimender Gedanke stockte seinen Redefluss, „das hieße ja auch, der Mörder wäre frei von jeglicher Schuld."

„Für deine sechszehn Jahre machst du dir aber viele Gedanken."

„Ich versuche, euren Koran zu verstehen."

Halim sah Paul verwundert an, als ob etwas Unfassbares geschehen war.

„Seit wann interessiert sich ein Sara und Christ für die Lehre des Islams?", fragte Halim mit gespielter Empörung über die Frechheit eines *Kirdis,* sich mit einer Materie zu befassen, von dem ein *Nasrani* keine Ahnung hatte.

Paul schaute verlegen zur Seite.

„Ich ... ich...", stotterte Paul, da er nicht wusste, ob er mit der Wahrheit herausrücken sollte, "ich habe eine Freundin in N'Djamena."

„Nun sag bloß nicht, sie ist Muslimin."

„Mmh. Stimmt genau."

Paul strahlte nun, beim Gedanken an Nala, über beide Ohren.

„Ich liebe sie, und ich werde sie heiraten, sobald ich wieder in N'Djamena bin und die Werkstatt meines Vaters übernommen habe."

„*Oh Allah, sois clément avec ce pauvre type.*" Verwundert schaute Paul Halim an, dessen Stoßgebet Paul in Unruhe versetzte. Sollte Allah ihm wirklich gnädig sein? Das Blut stieg in seine Wangen. Doch musste Paul nicht lange auf die Erklärung für Halims rätselhaftes Verhalten warten.

"Du liebst also eine Muslimin. Oh Mann. Hat sie dir nicht gesagt, dass ein Muslim zwar eine Christin heiraten darf, aber niemals darf eine Muslimin einen Christen heiraten. Das ist eine

Todsünde. In manchen Ländern wird dafür die Todesstrafe verhängt."

„Was! Das... das .... glaub ich einfach nicht. Ich ... ich ...ich muss sie heiraten. Sie liebt mich und ich liebe sie. So einfach ist das."

Halim schüttelte seinen Kopf.

„Nein, nein. So einfach ist das nicht. Auch wenn dein Vater, deine Familie einer Hochzeit zustimmen würden, würde der Vater deiner Freundin, und da bin ich mir wirklich sicher, niemals, hörst du, niemals sein Einverständnis geben."

Am Boden zerstört saß Paul mit hängendem Kopf vor dem Lagerfeuer, und stocherte gedankenverloren mit einem langen Stock in der Glut herum und schickte einen Funkenregen in den nächtlichen Himmel. Er spürte die Hitze des Feuers nicht mehr.

„Es sei denn", Halim sprach sehr langsam, um seinen Worten mehr Bedeutung beizulegen, „es sei denn, du bekennst dich zum Islam."

„Ist das der einzige Ausweg?"

„Ich fürchte ja."

„Und wenn ich mir Nala verschwinde?"

„Sie heißt Nala? Ein schöner Name. Wohin willst du mir ihr verschwinden?"

„Irgendwohin, wo sich niemand darum kümmert, ob sie Muslemin ist oder nicht."

„Dann musst du aber weit wegfahren."

„Nach Frankreich oder Deutschland."

„Dort wirst du Heimweh kriegen."

„Nicht, wenn Nala bei mir ist."

„Paul, geh schlafen. Ich bin sicher, es wird sich alles zum Besten regeln. *Inschallah*."

Im Lager war Ruhe eingekehrt. Zu erschöpft von der langen, beschwerlichen Anreise, hatten sich die Mannschaften früh in ihre Zelte verkrochen. Einige, der vernichtenden Wirkung des

Argis Tribut zollend, hatten den Weg in die Zelte nicht mehr gefunden. Sie lagen regungslos dort, wo irgendwann die Flaschen aus ihren Händen gerollte waren. Niemand kümmerte sich um sie. Die Wachtposten marschierten einsam ihre vorgeschriebenen Strecken auf und ab, das Maschinengewehr an der Schulter eingehängt. Noch immer glimmerte die rotglühende Asche des Lagerfeuers vor sich hin und warf einen kleinen Lichtpunkt in die schwarze Dunkelheit. Froh, nicht für die Wache eingeteilt worden zu sein, legte sich Paul in seinem Zelt zum Schlafen nieder. Erst jetzt fiel Paul auf, dass das dumpfe Wummern des Geschützfeuers in der Ferne verstummt war. Hatten sie die Libyer zur Aufgabe gezwungen? Oder war es nur eine der vielen kleineren Gefechtspausen? Seine Arme hinter dem Kopf verschränkt, dachte Paul über die Worte Halims nach. Paul war überrascht und schockiert zugleich über Halims fester Überzeugung, dass er eine Heirat zwischen Nala und Paul für unmöglich hielt. Warum hatte sie es ihm nicht gesagt? Wieso sollte es ausgeschlossen sein? Schließlich war Nala ein unabhängiges, sehr individuelles Tubu - Mädchen, das nicht nur in der Hauptstadt des Tschads, sondern auch in der Metropole von Paris gelebt und somit andere Kulturen, andere Lebens- und Denkweisen kennen gelernt hatte. Sie würden es schon verstehen. Ihre Eltern. Sie würden es vielleicht nicht sofort gutheißen, aber sie würden letztendlich die ungewöhnliche Liebesbeziehung akzeptieren. Fest entschlossen, sein Schicksal selber in die Hand zu nehmen und für die wahre Liebe zu kämpfen, drehte Paul sich auf die Seite und versuchte, seinen Schlaf zu finden. Doch die Angst vor dem nächsten Tagen raubte Paul den Schlaf. Irgendwann würden sie auf feindlichen Widerstand treffen. In den Manövern hatte Paul fünf und mehr Panzerattrappen erledigt. Nach der Auswertung der Manöverergebnisse hatten sie ihm stolz auf die Schulter geklopft und für wenige Augenblicke vergessen, dass er ein Sara war. Würde es bald ein Schulterklopfen oder ein Begräbnis geben? Ein staubiges und trockenes Begräbnis weit, weit weg von seinen Eltern? An einem öden, gottverlassenen Ort, wo der Wüstenwind heulend über die Gräber pfiff? Er hörte das Rasseln der schweren Panzerketten, wie sie in schneller Fahrt und mit ohrenbetäubendem Brummen den Boden zerpflückten.

Die eisernen Ungetüme waren schnell. Sehr schnell sogar. Zum genauen Schießen jedoch mussten die T 80 Panzer die Geschwindigkeit drosseln und das war die Chance für sie. Bevor der Richtkanonier sich auf die kleinen, wendigen Geländewagen eingeschossen hatte, musste das rasselnde eiserne Ungetüm erledigt sein. Nur langsam fand Paul seinen Schlaf. Doch es war ein unruhiger Schlaf, von Alpträumen durchwandert.

„Wach auf, Paul. Wach auf!"

Heftig zerrte Halim am Arm Pauls, der sich in seinem Schlafsack hin- und herwendete, bis er endlich, auf dem Rücken liegend, seine Augen öffnete und seine Umwelt erleichtert wahrnahm. Ein Alptraum. Es war nur ein gottverdammter Alptraum.

„Sie prügelten mit Stöcken auf mich ein. Ich dachte, sie waren alle verschwunden. Weg, abgehauen. Aber dann kamen sie in meine Zelle und schlugen auf mich ein, nur weil ich gerufen habe. Ich dachte, ich war allein,

ich ...dachte ... dachte ..."

„Ruhig Paul. Es ist doch vorbei."

"Es war so schrecklich. Du kannst dich nicht wehren. Und sie schlagen auf dich ein. Die fürchterlichen Schmerzen."

Paul schaute mit seinen traurigen Augen auf das Dach des Zeltes, dessen Zeltplane leise im Wind wellenartig hin- und her wog. Ohne Halim in seiner Nähe hätte Paul sich seinen Gefühlen frei hingegeben, doch so zwang er sich, seinen Tränen zu unterdrücken, trotz der zunehmenden Verzweiflung und dem leeren Gefühl der Bodenlosigkeit, die ihn seit seinem Eintritt in die Armee befallen, aber nun, 1800 Kilometer entfernt von daheim, zu überwältigen drohte. Er wollte nur noch eins. Zurück nach Hause, dorthin, wo er in vertrauter Umgebung eine behagliche Wärme verspürt, die ihm die verlorenen Geborgenheit wiedergab. Doch an Flucht war nicht zu denken und hätte seinen Wunsch nach Rückkehr zu den Eltern unmöglich gemacht. Er musste durchhalten.

„Alles in Ordnung, Paul?"

„Ja, danke, dass du mich geweckt hast."

„Ist schon in Ordnung."

„*Inschallah.*"

Halim grinste.

„*Inschallah*, du Ungläubiger.

Langsam entschwanden die Bilder der Vergangenheit aus seinem Bewusstsein ins Unbewusste und sein schweißnasser Körper entspannte sich mit der zunehmenden Verflachung seiner Atmung, die nun in regelmäßigen Abständen seinen Brustkorb leicht anhob und wieder senkte. Sie waren in seine Zelle gekommen und hatten zu zweit mit ihren langen Stöcken auf ihn eingeschlagen. Er konnte nicht mehr sagen, wie lange die Wärter ihn gequält hatten, doch er hatte ihre befriedigten Gesichter nicht vergessen. Seitlich zusammengekrümmt auf dem Boden liegend, seine Genitalien mit seinen Händen und angewinkeltem Schoß schützend, hatten sie auf den Sträfling unentwegt eingeprügelt. Doch ihre durch den Gefängnistrakt schallenden Befehle, die sie in Pauls Ohr brüllten, um ihn zum Zweck der Erhöhung der Trefferquote ihrer Schläge zum Aufstehen zu zwingen, hatte Paul vor Entkräftung nicht mehr Folge leisten können. Und so schlugen sie aus Verärgerung härter und wilder, aber auch unkontrollierter auf ihn ein. Nur der Umstand, dass es ihnen zu mühselig war, Pauls entkräfteten Körper an seinen Armen hochzuziehen, bewahrte ihn vor erneuten Schlägen auf die Genitalien, die nicht nur den größten Schmerz auslösten, sondern auch als Mittel der sexuellen Erniedrigung den höchsten Stellenwert einnahmen. In ihrer sadistischen Lust befriedigt, hatten sie Paul die Nacht in seiner Zelle ohne ärztliche Behandlung verbringen lassen, und nur der Umstand des Mitleids eines Wachsoldaten, der ihn am frühen Morgen während der Essensausgabe fand, hatte Paul vor Schlimmeren bewahrt und verschafften Paul drei Wochen im Lazarett, das ihm die so dringend benötigte Ruhe gab, sich von den seelischen und körperliche Qualen, so gut es ging, zu erholen.

*

Die Nacht war voller geheimnisvoller Geräusche. Nicht immer gelang es Paul, den Geräuschen die Objekte zuzuschreiben, die für die leise Kakophonie verantwortlich waren. Das Flüstern der Palmenblätter im Wind, die unterdrückten Stimmen zweier am Zelt vorbeischleichender Soldaten, das tiefe Ein- und Ausatmen Halims, das sich mit dem leisen Hin- und Her Flatterns eines Stoffzipfels am Eingang des Zeltes, der nicht fest genug verschlossen worden war, vermischte. Doch es gab Geräusche, deren Identifikation für Paul, der einfach keinen festen Schlaf fand, unmöglich war. Waren es Tiergeräusche? Aber welches Tier? Und da! Das waren doch Flugzeuggeräusche, oder? Angestrengt hörte Paul in die Nacht hinein. Doch er gab das Ratespiel endlich auf und versuchte, für die letzten verbleibenden Stunden Schlaf zu finden, als die laute Stimme des Sergeanten Mouboris die nächtliche Ruhe in ein Tohuwabohu verwandelte.

„Aufstehen! Raus aus den Zelten! An die Flaks!"

„Raus! Raus!"

Weitere Rufe erschallten aus allen Richtungen. Noch benommen, rappelte sich Halim auf und streifte sich sein Gewand über.

„Komm! Raus hier!", rief Paul ihm zu, der schon zum Zelteingang gekrabbelt war. Und da waren sie. Zwei libysche Kampfflugzeuge zischten im Morgengrauen im lauten Getöse über ihr Zeltlager hinweg. Auf sie zukommend, zerschnitten die Düsenjäger im Tiefflug lautlos die Luft. Sie waren nicht zu hören. Erst über ihren Köpfen vorbeifliegend, erfüllten die gelbglühenden Triebwerke die Luft mit einem ohrenbetäubenden Lärm.

„Los! Zeigt es ihnen! Holt sie runter!", schrie Moubori seine Soldaten an, die zu ihren Flaks rannten. Noch bevor die *Combattants* ihre Flaks auf die feindlichen Migs anvisieren konnten, hatten die feindlichen Migs ihre vernichtende und todbringende Ladung auf die Oase Faya abgeworfen. Faya stand in Flammen. Dicke, schwere Rauchsäulen stiegen zum Himmel empor. Wie Adler gleich kreisten hoch oben triumphierend die beiden Flugzeuge, die schnell an Höhe gewonnen hatten.

„Diese Schweine," kommentierte Captaine Elebo die kreisenden Bewegungen der Kampfflugzeuge, die aber immer noch keine Anstalten machten, den Ort ihrer Vernichtung zu verlassen.

„Ich schätze, die kommen gleich wieder. Die fühlen sich sehr sicher da oben", knurrte Elebo und gab Anweisungen, die Gefechtsstationen nicht zu verlassen.

„Achtung! Feindlicher Angriff!"

Tatsächlich hatten die Flugzeuge ihre beobachtende Position verlassen und jagten nun auf die tschadische Gefechtsstellung zu.

„*Feu!*", erschallte das Kommando des Capitaines, „*moutrez votre courage!"*

Der donnernde Lärm der feuernden Flaks vermischte sich mit dem grausamen Lärm der einschlagenden Raketen, die von den Migs, bevor sie die tschadische Stellung wieder überflogen, abgefeuert wurden und ein Chaos verursachten. Verwundete Soldaten schrien um Hilfe. Jeeps wurden wie Papierfetzen durch die Luft gewirbelt. Wo Zelte standen, öffnete sich nun ein Krater. Soldaten irrten umher. Verzweifelt schossen Soldaten mit ihren Kalaschnikows wütend den über ihren Köpfen vorbeidonnernden Flugzeugen hinterher. Auch Paul und Halim hatten ihre Kalaschnikows ergriffen, doch ihre Bemühungen, Goliath zu bezwingen, wirkten in ihrer Hilflosigkeit eher mitleidserregend und bedauernswert.

„Wären sie mit Panzern gekommen, hätten wir es ihnen aber gezeigt", versuchte Paul sein Bewusstsein über ihre Machtlosigkeit zu relativieren.

„Verdammt!", schrie Halim, den Flugzeugen nachschauend, "was tue ich hier eigentlich? Ich schieße auf meine Glaubensbrüder!"

Er legte sein Gewehr zur Seite und setzte sich erschöpft in den Sand, um eine Zigarette zu rauchen.

„Komm, Halim. Du kannst hier jetzt nicht herumsitzen. Wir müssen helfen. Das Lager ist zerstört. Sie brauchen unsere Hilfe."

Paul schaute auf Halim herunter, der nicht gewillt war aufzustehen. Noch immer schüttelte Halim seinen Kopf als Ausdruck seines Unverständnisses über diesen Krieg.

„Es sind meine Glaubensbrüder und wir bringen uns gegenseitig um. Ich verstehe es nicht, Paul."

Halim schaute zu Paul hoch, der zum Gehen bereit war.

„Jetzt komm! Du musst nicht alles verstehen. Komm endlich. Wir müssen das Lager aufräumen. Die Arbeit wird deine

Gedanken verdrängen."

Eher widerwillig erhob sich Halim und sie gingen Seite an Seite in Richtung des Zeltlagers, wo ihnen ein Anblick des Grauens erwartete. Ein Bein. Ein Bein ohne Körper. Ein Soldat hielt ein Bein in der Hand und legte es auf eine riesige schwarze Plastikfolie. Dann sah Paul den ersten zerfetzten Körper, ohne Kopf, ohne Arme. Wo war der Kopf? Wo waren die Arme? Er sah mit weit aufgerissenen Augen weitere zerfetzte Körper in einem See von Blut. Blut. Blut. Überall Blut. Helles Blut. Schwarzes Blut. Blut mit Lehm vermischt. Eine Orgie in Blut. Rot. Die Farbe der Liebe. Rot. Die Farbe des Todes. Menschen. Menschen? Dies waren keine Menschen mehr. Tote Menschen sind auch Menschen. Leichen sind tote Menschen, doch das hier waren keine Menschen, dies waren keine Leichen. Eine Leiche ohne Kopf, ohne Arme, zerrissen zur Unkenntlichkeit. Dies waren keine Leichen. Doch der da, der! Der mit dem abgerissenen Torso. Der Oberkörper lag fünfzig Meter von seinem Unterleib entfernt. Seltsam. Die Augen waren nicht verschlossen gewesen und schauten zum Himmel empor. Dies war eine Leiche. Eine Leiche ist dann eine Leiche, wenn ein Gesicht vorhanden ist. Ein Gesicht ohne einen ganzen Körper. Aber der Gesichtsausdruck! Der zählte. Ja, eine Leiche ist dann eine Leiche, wenn ein Gesichtsausdruck vorhanden ist

Die Leiche schaute friedlich drein. Irgendwie erleichtert, so ohne Unterleib und ohne Arme. Paul musste lachen. Alle blieben bei seinem wirren Gelächter stehen. Er musste sich übergeben. Die Soldaten gingen weiter. Er schämte sich nicht. Noch nie war Paul mit dem Tod konfrontiert worden. Noch nie hatte Paul eine Leiche gesehen, und nun bereits vier an einem Tag. Bis zur Unkenntlichkeit verstümmelt. Ein Grab wurde gegraben. Schnell und effektiv. Die Leichen, nein, es waren doch nicht alles Leichen. Nein, nein. Die Körperfetzen wurden beerdigt. Bis auf den einen mit dem friedlichen Blick, der wurde richtig als Leiche beerdigt. Sie gaben die Suche nach weiteren Leichenteilen auf. Und die Verwundeten? Nur sieben Verwundete zählte der Arzt. Sie wurden abtransportiert in das einzige Krankenhaus im Norden des Tschads. Und das lag in Faya. Unzerstört. Noch funktionsfähig. Zufälle gab es. Erstaunlich. Höchst erstaunlich. Oder war es gar kein Zufall? Paul schaute Halim an, der nach den Aufräumarbeiten leichenblass und nervös an seiner Zigarette zog. Sollte Paul die sieben Verletzten beneiden? Der Krieg war für sie vorbei. Sicherlich - eine Amputation zum Beispiel wäre den Preis der Befreiung von der Teilnahme an weiteren kriegerischen Aktionen nicht wert, aber eine kleine Verwundung, jedoch schwer genug, um in Faya zurückgelassen zu werden, die irgendwann gut verheilen würde, das wäre jetzt wünschenswert, dachte Paul. Doch er verwarf diesen Gedanken, der plötzlich lächerlich auf ihn wirkte. Der Krieg ging für ihn und den verbliebenen einundsiebzig *Combattants* weiter. Die einzige Gewissheit in dieser ungewissen Zeit. Er hatte nur noch einen kleinen Wunsch. Wenn er sterben sollte, dann als Leiche.

\*

Beim Verlassen der zerstörten Oase warf Paul einen Blick zurück auf die noch verbliebenen, leise im Wind raschelnden Palmenkronen. Noch immer war die Rede des Capitaines nicht verklungen. Die Rede Elebos war unumgänglich gewesen. Er hatte seine Mannschaft zusammentrommeln lassen, um jeden einzelnen die vaterländische Aufgabe, die mit dem heldenreichen Krieg verbunden war, ins Bewusstsein zu rufen.

Wieso konnte er die Rede nicht vergessen?

„Männer. Dies war nur ein verzweifelter Vergeltungsschlag eines angeschlagenen Feindes. Unsere Truppen marschieren weiter vor. Der Feind mitsamt seinem libyschen Bastard Ghadhafi ist im Rückzug begriffen. Wir werden siegen, weil wir einen vaterländischen Krieg führen. Die vier Opfer, die wir heute zu beklagen haben, sind nicht sinnlos gestorben. Sie sind in treuer Pflichterfüllung als Helden für eine gerechte Sache gestorben und bleiben in unseren Herzen immer in Erinnerung. Packt eure Sachen zusammen, Männer! Wir brechen auf nach Bardai!"

Paul wollte kein Held sein. Warum konnte es keinen Frieden geben? Warum wirkte ein Krieg attraktiver auf Menschen als der Frieden? Ein Frieden, der so schön sein konnte wie die friedliche Idylle einer Oase. Warum? Paul schaute zu Halim herüber, der mürrisch den Toyota steuerte. Seine Gelassenheit schien seit seiner Erkenntnis, dass Glaubensbrüder sich gegenseitig töteten, Schaden genommen zu haben.

„He, Halim, wie sieht's aus?"

Halim schaute zu Paul hinüber. Doch er sagte nichts und zog es vor, sich auf die Piste zu konzentrieren, die nun vor ihnen lag. Es war seltsam, dachte Paul, je mürrischer Halim wurde desto besser fühlte er sich. Und das, obwohl sich das Landschaftsbild extrem geändert hatte und sich negativ auf die emotionale Befindlichkeit Pauls hätte auswirken müssen.

Der ortkundige Führer der Kolonne hatte sie hinaus in die Öde geführt, wo der Passatwind feinen Sand über die Piste trieb und beinah surreale Bilder malte. Die *Combattants* saßen zusammengekauert auf den Ladeflächen ihrer Jeeps und schützten sich mit ihren hoch ins Gesicht gezogenen *Chechs*, einem langen zum Turban gewickelten Tuchs, vor dem feinkörnigen Sand, der ihnen ins Gesicht blies. Die Piste war kaum sichtbar. Irgendwann hatte der Führer die Kolonne zum Anhalten befohlen. Die Piste zeigte keine frischen Spuren mehr. Das war ein schlechtes Zeichen, deutete es doch auf die Verminung der Piste hin.

„Wusstest du, dass für einen Fußgänger eine Panzermine ungefährlicher ist als eine normale Mine?", fragte Halim seinen Freund, als die Kolonne wieder einmal angehalten hatte, um vor ihnen die Piste nach Minen abzusuchen.

„Was macht den Unterschied? Die eine zerfetzt dein Bein und die Panzermine zerfetzt deinen ganzen Körper", gab Paul als Antwort zurück, der nicht sonderlich interessiert schien, die richtige Antwort zu finden.

„Falsch, mein Lieber. Du kannst dich auf eine Panzermine draufstellen, und es passiert nichts. Meistens jedenfalls. Nur unser Jeep sollte nicht unbedingt so ein Teil berühren, du weißt...", sagte Halim geheimnisvoll und schlug zur Untermauerung seines Wissens beide Handflächen zusammen, „Peng ... und wir sind im Arsch, ohne einen Panzer erledigt zu haben."

„Hör auf damit."

Und weiter ging die Fahrt, vorbei an zerschossenen Panzern und Geländewagen, die nun als Wracks den Weg zierten. Höckerartige Sanddünen verliefen viele Kilometer rechts und links neben ihnen vorbei, bevor die Wüste sich verflachte, die nun von verwitterten Steinen durchzogen waren. Scharfe Kanten ragten aus den Felsrücken hervor. Wieder erfasste Paul beim Anblick der trostlosen Landschaft ein Gefühl der Verlassenheit und Leere, das verstärkt wurde, wenn beim Halten der Kolonne das monotone Brummen des Motors verstarb und die absolute Stille hörbar wurde. Leise rauschte der Wind über die endlosen Wüstenfelder, die sich bis zum Horizont erstreckten. Gott. Hol mich raus hier und bringe mich zurück zu dem bunten Treiben auf dem Markt von N'Djamena. Bringe mich zurück zum Flussufer des Chari. Lass mich das Plätschern des Flusses hören, der Ort, der mit meiner großen Liebe so sehr verbunden ist.

„Verdammt!", fuhr Halim wütend auf, „so ein Mist, wir sitzen fest."

Der Toyota steckte fest. Das wilde, unbeherrschte Gasgeben Halims verschlimmerte nur noch die Situation und trieb die Vorderräder immer weiter in den Sand.

„Hör auf Gas zu geben! Es hat doch keinen Zweck."

Die Kolonne hatte auf ein Zeichen des Anführers angehalten. Paul war bereits ausgestiegen, um sich das Missgeschick genauer anzuschauen. Es war nicht so schlimm, wie es dem Anschein nach zuerst ausgesehen hatte. Bleche wurden herangeschafft und unter die Reifen gelegt. Langsam fuhr Halim an. Doch der Reifen rutschte von den Schienen herunter.

„Langsamer! Du musst langsamer und mit Gefühl fahren!", rief Paul Halim wütend zu.

„Willst du meinen Job machen? Dann komm, mach es besser!"

Halim machte Anstalten, um das Steuer Paul zu überlassen, doch Paul wusste zu gut, dass für Halim das Fahren ein Zeichen der Ehre war. Niemals würde er Paul das Steuer überlassen und so ließ es Paul dabei bewenden und rief Halim nur laut zu, endlich die Kiste aus dem Sand zu holen. Immer wieder fuhr Halim an. Langsam, ganz langsam befreite sich das Fahrzeug aus dem tiefen Sand. Der Schweiß floss in Strömen. Noch einmal heulte der Motor auf. Befreit! Endlich konnte es weitergehen. Nach einer weiteren Stunde kündigten die ersten Lavafelder das Erreichen des Tibesti-Gebirges an. Dürre Akaziensträucher und einige Gazellen, die sich hierher verlaufen hatten, tauchten ab und zu entlang der Piste auf. Die angestrengte Konzentration stand Halim im Gesicht geschrieben, der bemüht war, nicht auf eine der spitzen Steine zu fahren, die aus dem Sand wie Dolche herausragten. Je tiefer sie in das Tibesti hineinfuhren, desto geringer wurde die Vegetation. Außer einigen Dumpalmen, gab es hier nichts, was an eine Vegetation erinnern konnte. Schon lange hatte Paul keine Akazien mehr gesehen. Hier lebte also Nalas Stamm der Tubus, dachte Paul, verwundert darüber, dass überhaupt jemand in dieser unwirtlichen Gegend existieren konnte. Der Ort Zouar lag von Felswänden eingekesselt in einem kleinen Tal. Die Stroh- und Lehmhütten trugen nicht zur Beseitigung des trostlosen Eindrucks bei. Auffallend war die große Anzahl von Betrunkenen, die sich mit dem verteufelten Argi für einen kurzen Augenblick in eine bessere Welt beförderten. Am nächsten Tag ging es weiter. Die wenigen Stunden des Aufenthaltes hatten Paul gereicht, um sich einen vernichtenden Eindruck von dem Ort zu machen. Nala kam aus Bardai. Und er hoffte, dass ihm wenigstens der Ort ihres Reiseziels sein Herz erfreuen würde. Nun fuhren sie ratternd auf einer Schotterpiste, die sie fürchterlich durchschüttelte. Links reichte der Blick bis hin zu der Sandwüste, der Tenère im Niger. Je tiefer die Kolonne ins Tibestgebirge fuhr, desto wilder und einzigartiger wurde die Landschaft. Noch nie hatten Paul und Halim ein solch ungewohntes Landschaftsbild, das von bizarren Bergen geprägt war, gesehen. Schroffe Felswände und vereinzelte Felstürme ragten wie Monumente gleich hundert Meter und höher in den Himmel hoch. Die Natur hatte mit ihren architektonischen Mitteln des Windes und des Sandes die Felsen zersetzt und Skulpturen hineingefräst, die im grellen Sonnenlicht lange Schatten warfen und der Kolonne in den Marschpausen ein wenig Linderung in der Tageshitze versprach. Beim Anblick der steinernen Monumente fühlte Paul seine Probleme zu einem unbedeutenden Nichts reduziert.

Noch hatten sie Bardai nicht erreicht. Die Piste folgte

zunächst dem Enneri Tao, einem vertrockneten Flussbett, das sich nach heftigen Regenfällen in einen reißenden Strom verwandeln konnte. Doch es hatte in der Regenzeit kaum geregnet, und so war der Enneri befahrbar. Doch nach einiger Zeit verließ die Piste das Flussbett. Schwere Steigungen mussten nun genommen werden und verhinderten ein schnelles Vorwärtskommen der Kolonne. Fußballgroße Steine, die den Weg versperrten, mussten beiseite gerollt werden. Halim war in seiner ganzen Konzentration gefordert. Ein Fahrfehler, und der Jeep drohte, in den tiefen Abgrund, der sich rechts neben der Kolonne auftat, zu stürzen. Paul stieß Halim während der Fahrt an seine Schulter, um ihn auf den Emi Koussi aufmerksam zu machen, der mit seinen 3400 Metern deutlich am Horizont zu sehen war. Nach fünf Stunden waren erst rund vierzig Kilometer bewältigt. Und so wurde eine weitere Übernachtung im Freien notwendig. In der Nacht sanken die Temperaturen auf Minusgrade ab. Zusammengekauert, in Decken eingepackt, schlürfte Paul den heißen, starken Tee, der jedoch sein Frösteln nicht verhindern konnte. Am darauffolgenden Tag hatten sie endlich die Hochebene von 2500 Metern erreicht. Das Tarso bot der Kolonne das Bild einer Mondlandschaft, das durchzogen war von Lavabrocken, Geröll und Schutt erodierter Felsen. Der riesige Vulkankegel des Touside ragte in den Himmel empor und für einen Augenblick, überwältigt von dem Anblick, dachte Paul an die Zeit, als der Vulkan noch Feuer spie und riesige Dinosaurier am Fuß des Vulkans nach Nahrung suchten.

Bardai. Endlich. Nach einer langen, anstrengenden und nervenaufreibenden Fahrt hatte die Kolonne das Ziel der Reise erreicht. Es wimmelte von Soldaten in dem kleinen Ort, das von den Zivilisten aufgrund der heftigen Gefechte verlassen worden war. Doch auch Bardai bot mit seinen zerstörten, von Einschusslöchern durchsiebten Lehmhäusern und Lehmhütten einen trostlosen Anblick. Kaum vorzustellen, dachte Paul, als sie langsam in den Ort hineinfuhren, dass Nala hier geboren wurde und es tatsächlich geschafft hatte, aus dieser Öde auszubrechen. Doch vielleicht urteilte er zu schnell. Ein längliches Gebäude am nördlichen Rand des Ortes war für die Unterkunft der Soldaten vorgesehen. Eher missmutig stieg Paul vom Fahrzeug und betrachtete sich das halb zerfallene Gebäude, das wenig Eindruck auf ihn machte. Die bereits stationierten Soldaten beäugten die neue Truppe mit sarkastischer Belustigung, sahen sie doch, wie jung die müden Krieger waren, die doch schon morgen als Kanonenfutter an die Libyer verheizt werden sollten. Hämische Kommentare begleiteten die „Milchbärte", die „Muttersöhnchen" und „Hosenscheißer" auf dem Weg zu ihrer Unterkunft, doch sie verstärkten nur ihren Willen, es ihnen morgen im Kampf zu zeigen.

*

Im Morgengrauen überschritt Pauls Einheit die umstrittene Grenze des Aozou-Streifens. Noch war alles ruhig an der Front, die nur noch vierzig Kilometer entfernt war. Hektisches Treiben herrschte auf der sonst wenig befahrenen Piste, die zur kleinen Oase Aozou führte. Überall waren schwerbewaffnete Infanteristen zu sehen. Auf den Ladeflächen von LKWs sitzend, hoben die *Chech* vermummten Soldaten zum Gruß ihre Kalaschnikows mit der rechten Hand hoch in die Luft. Sie fühlten sich schon als Sieger. Andere jedoch marschierten schweigsam neben schwerbeladenen Kamelen in Richtung der Front und schauten erschrocken auf, wenn ihnen ein LKW oder ein Pickup mit einer Ladung verwundeter Soldaten mit blutdurchtränkten Verbänden entgegenkamen. Immer wieder passierte Pauls Kolonne LKWs, die schwere Artillerie auf dick bereiften Anhängern hinter sich herzogen. Die Armee bereitete sich auf den letzten, allumfassenden Angriff gegen Libyen vor.

Der Führer der Kolonne, der sie so sicher durch das verminte Gebiet geleitet hatte, gab endlich das Zeichen zum Halten. Sie hatten die Front erreicht. Durch das Fernglas sah Halim Aozou in der flirrenden Morgenhitze nicht weit entfernt vor ihnen liegen. Angestrengt schaute er durch das Fernglas, um den Feind zu sehen, den sie töten mussten. Doch kein Mensch war weit und breit zu sehen. Eine verdächtige, trügerische Ruhe breitete sich vor ihnen aus. Paul nahm mit großer Sorge das ebene Gelände zur Kenntnis, das sich vor ihnen ausbreitete. Nur vereinzelte Felsformationen konnten ihnen Schutz vor den Panzern geben. Sonst aber war es ein ideales Panzergelände. Es würde schwer werden. Sehr schwer.

Plötzlich setzten die Kanonen ein. Sie sprachen die Sprache der gewaltigen Vernichtung. Unaufhörlich schlugen die Granaten mit immer größerer Genauigkeit auf die libyschen Stellungen ein. Gleich würde die Infanterie in Bewegung gesetzt, um die Oase anzugreifen.

„Funkspruch der Heeresleitung. Schwerer Panzerverband im Anmarsch!", schrie Capitaine Elebo in den donnernden Lärm der feuerspeienden Artillerie hinein.

„Los geht's! Macht euch fertig."

Es war soweit. Die Zeit zum Sterben war gekommen. Flugs sprangen sie in ihre Geländewagen und starteten in nervöser Hektik die Motoren. Halim fuhr als erster los. Nur ruhig. Alles musste jetzt perfekt funktionieren. Jeder Handgriff musste sitzen. Nervosität half jetzt nicht. Sie konnte tödlich sein. Mit durchdrehenden Reifen schoss der Jeep in einer Staubfontäne davon.

„Hast du genügend Munition an Bord?", schrie er Paul entgegen, der sich krampfhaft an seinem Sitz festhielt, um nicht bei der schnellen und wackeligen Fahrt vom Jeep herunterzufallen.

"Genug, um ganz Aozou in die Luft zu jagen", schrie Paul Halim ins Ohr und schaute angestrengt nach vorne. Die Angst vor dem Tod war plötzlich verflogen. Jetzt galt es nur noch den Panzerverband aufzureiben. Noch war nichts zu sehen. Er musste aus nordöstlicher Richtung kommen. Auf ein Zeichen Halims löste sich die Kolonne auf und verteilte sich auf dem ebenen Gelände. Hinter einem günstig gelegenen Felsvorsprung hielt Halim an. Er wagte es nicht, den Motor abzustellen. Der Motor blubberte leise vor sich hin. Halim atmete schwer. Der Schweiß rann an seinem Rücken herunter und durchnässte sein Hemd. Nervös sprang er vom Toyota hinunter und schaute am Felsvorsprung vorbei auf die weite Ebene. Noch war kein Panzer zu sehen. Paul fummelte nervös an der Ladevorrichtung seiner Panzerabwehrkanone herum. Das Warten war das Schlimmste.

*„Donne-mois les jumelles, Paul!"*

Hektisch riss Halim das Fernglas an seine Augen. Seine Hände zitterten. Noch nie hatte Paul Halim in diesem Zustand gesehen. Im Manöver war er der Ruhigste, der Gelassenste von allen Fahrern gewesen. Doch Paul hatte keine  Zeit, weiter über Halims Zustand nachzudenken.

*„Oh merdre! Les voilá"*, rief Halim Paul zu.

„Kannst du sie zählen?"

„Es sind verdammt viele ... zwanzig ... dreißig. Ich weiß es nicht", rief Halim, während er keuchend zum Toyota zurückgerannt kam, „ es wird schwer werden. Verdammt schwer."

Er sprang auf den Geländewagen und löste die Handbremse. Er schaute zu Paul hinüber.

„Bist du bereit?"

„Ja."

„Wir warten, bis sie an uns vorbeiziehen."

„Ich bin fertig."

Noch immer lag Aozou unter dem Beschuss der tschadischen Artillerie, deren Granaten durch die Erhebung einer Kriegssteuer, die Habré der armen Bevölkerung zusätzlich auferlegt hatte, teuer finanziert wurde. Noch immer wurde nicht von den libyschen Stellungen zurückgeschossen. Sie setzten ihr Vertrauen in den Panzerverband, der die Artilleriepositionen schon zermalmen würde. Das Rasseln der Panzerketten kam näher. Immer lauter klirrten und rasselten die Ketten im Einklang mit dem bedrohlichen, ohrenbetäubenden Brummen der schweren Motoren. Jetzt schossen die ersten Panzer ihre Granaten in Richtung der Artillerie. Der Lärm ihrer Kanonen trieb den Pulsschlag in die Höhe. Das Herz pochte.

„Jetzt! Raus! Allah! Sei und gnädig!"

Paul konnte sich gerade noch festhalten, denn der Toyota schoss nun aus dem Felsvorsprung hervor und raste mit hoher Geschwindigkeit auf einen der Panzer zu. Erst jetzt erkannte der Richtkanonier im Panzer die Gefahr. Bei voller Fahrt drehte sich die Kanone des Panzers um ihre eigene Achse und zielte nun auf den Geländewagen.

„*Merdre*! Es hat uns anvisiert!", schrie Paul Halim zu, „fahr schneller! Wir müssen näher ran!"

Die erste Granate schlug weit neben dem Toyota ein. Wie lange würde er brauchen, um sich eingeschossen zu haben? Paul hatte seine Hände an der Panzerfaust. Gleich waren sie nah genug dran. Der Panzer verlangsamte seine Fahrt. Aus den Augenwinkeln beobachtete Paul einen zweiten Panzer, der von einem weiteren Geländewagen, vielleicht hundertfünfzig Meter neben ihnen angegriffen wurde. Wieder schlug eine Granate ein. Jetzt bedrohlich nah.

„*Plus près, approchez-vous plus près!*"

Paul schaute durch das Fadenkreuz seiner Panzerfaust. Halim hielt an. Jetzt! Ruhig und gleichmäßig bewegte sich Pauls Zeigefinger zum Abzug. Die Rakete kam rückstoßfrei aus dem Rohr geschossen, einen Feuerschweif hinter sich herziehend, und segelte auf den Panzer zu, der keine Chance hatte zu entkommen. Eine gewaltige, ohrenbetäubende Explosion erschütterte den Panzer, der sofort zum Stillstand kam. Keine Zeit, über Opfer nachzudenken, keine Zeit, um sich irgendeiner Form des Triumphes hinzugeben, riss Halim das Steuer beim Anfahren hart herum und drehte vom zerstörten Panzer ab, aus dem niemand herausgekrochen kam.

Schon nahte die nächste Gefahr. Ein Panzer kam direkt auf sie zugefahren.

„Halim! Pass auf!"

Wieder riss Halim das Steuer hart herum und konnte gerade noch den todbringenden Koloss ausweichen, der nun an ihnen vorbeirasselte. Schnell lud Paul die Panzerfaust. Die Handgriffe waren eingeübt. Alles funktionierte mechanisch. Noch bevor der Richtkanonier den Toyota anvisieren konnte, hatte Paul die Panzerfaust in Anschlag gebracht. Wieder segelte die Rakete auf das Ungetüm zu und traf die Panzerketten, Paul konnte noch sehen, wie zwei Panzerfahrer brennend auf dem eisernen Sarg fielen. Doch für sie gab es keine Rettung. Ihre grausamen, schmerzerfüllten Schreie drangen trotz des Gefechtslärms zu ihnen herüber.

„Weiter! Schau nicht zurück!" rief Halim Paul zu, der das Drama mit vor Schrecken geweiteten Augen gebannt verfolgte.

„Wir müssen ihnen helfen!"

„Wir müssen uns selber helfen!"

Und schon schoss der Toyota von dem Ort des Grauens davon, um sich neue Beute zu suchen. Um sie herum standen schon mehrere zerschossene Panzer. Aber auch von Granaten zerfetzte Geländewagen mit ihren toten Besatzungen lagen verstreut auf dem Schlachtfeld herum. Doch es gab keine Atempause, es gab keine Zeit, darüber nachzudenken. Der nächste Panzer war von Halim ausgesucht worden. Doch dieser hatte bereits den Jeep anvisiert. Schon schlug die Granate gefährlich nahe neben dem Toyota ein.

„Nein! Verdammt! Der kriegt uns!", schrie Halim verrückt vor Angst.

„Fahr um ihn herum! Nun fahr schon. Gib Gas!"

„*Merdre*!"

Die nächste Granate des Panzers schlug direkt vor ihnen auf. Die Wucht der Explosion katapultierte das Fahrzeug hoch in die Luft, das hart auf dem Boden aufsetzte.

„Paul! Scheiße! Paul!"

Halim hatte sich im Toyota halten können, doch Paul war aus dem Wagen herausgeschleudert worden und lag benommen auf dem heißen Wüstensand.

Der Panzer kam bedrohlich näher.

„Paul! Paul! Steh auf! Der Panzer!"

Paul versuchte aufzustehen, doch ein brennender Schmerz durchfuhr seinen Körper. Seine Beine waren gebrochen. Mit panischer Angst nahm Paul das Näherkommen des Panzers wahr. Halim erkannte die Gefahr und steuerte seinen Wagen in einer waghalsigen Aktion direkt auf Paul zu.

„*Aide-moi, Halim*!"

Verzweifelt versuchte Paul mit robbenden Bewegungen den zermalmenden Panzerketten zu entkommen. Das Rasseln wurde lauter, das dumpfe Brummen verwandelte sich zu einem Dröhnen. Schon warf der Panzer seinen Schatten auf den verzweifelt und mit Angst geweiteten Augen am Boden liegenden Paul. Plötzlich wurde er wie von Geisterhand hochgehoben und landete hart auf der Ladefläche des Toyotas, wo der Schmerz ihm sein Bewusstsein raubte.

Doch Halim hatte keine Zeit, sich um Paul zu kümmern. Der Panzer hatte gehalten. Die Klappe der Turmluke öffnete sich mit einem knarrenden Geräusch. Der Richtkanonier kam herausgesprungen, der nun mit dem Maschinengewehr auf den davonbrausenden Toyota wütend schoss. Staubfontänen spritzten hinter dem Fahrzeug auf, der von der Maschinengewehrsalve durchlöchert wurde.

„Ahhh, *merdre*! *Oh Allah, sois clément avec nous*! »

Die Kugel hatte Halims rechte Schulter zerfetzt. Das Blut rann in Strömen auf seinen Schoß hinunter. Nur unter großer Anstrengung konnte er den Geländewagen aus der Gefahrenzone in Richtung des rettenden Lagers steuern. Halim Sayed hatte unter Einsatz seines eigenen Lebens Paul N'Dabe das Leben gerettet.

# 4

Die körperlichen Wunden Paul N'Dabes und Halim Sayeds heilten schneller im Lazarett in Faya Largeau als die seelischen Wunden, die der kriegerische Konflikt um den Aozou-Streifen bei beiden Angehörigen der tschadischen Armee verursacht hatten. Die Schlacht um die Oase Aozou war gewonnen. Siegreich zogen die tschadischen Soldaten unter der Führung des neuen Oberbefehlshaber in den kleinen, unbedeutenden Ort ein, doch der Waffenstillstand mit Libyen sollte noch fünf weitere Wochen auf sich warten lassen, waren doch noch nicht genügend Opfer zu beklagen, die den Beginn schüchterner Friedensgespräche rechtfertigen könnten. Erst der Angriff tschadischer Truppeneinheiten auf den libyschen Militärstützpunkt Ma'tan as Sarah, wo zum ersten Mal tschadische Soldaten feindlichen Boden berührten, führte zum ersehnten Waffenstillstand, nachdem 1800 Libyer im patriotischen Kampf gefallen waren und als so genannte Helden in die libysche Geschichte eingingen.

Ohne ein Gefühl des Stolzes über die erreichte Leistung verfolgten Paul und Halim den triumphalen Einzug in den öden, verlassenen Ort in der Wüste am Radio, das sie sich von der Krankenschwester ausgeliehen hatten, die es sonst dringend zur Überwindung ihrer Langeweile und Einsamkeit während der einsamen, ereignislosen Nachtwachen benötigte. Pauls Verletzung erwies sich als schwerer als ursprünglich diagnostiziert wurde. Der Bruch beider Beine war kompliziert und würde bei einer ungünstigen Heilung, so die Prognosen des Truppenarztes, die lebenslängliche Benutzung einer Gehilfe in Form einer Krücke oder bestenfalls eines Stocks unabdinglich erforderlich machen. Des Öfteren wachte Paul des Nachts auf, von Alpträumen geplagt, die lebendige Bilder der Sterbenden des brennenden Panzers vor ihm produzierten. Nie würde er ihre gellenden Schreie vergessen, die jedoch verstummten, als die lodernden Flammen die Körper nach vorne zusammenfallen ließen. Ein Anhänger, vollbeladen mit einem gewaltigen Berg von Leichenteilen, zog in einem seiner schrecklichen Träume vorüber. Jemand stand vor dem Anhänger und verkaufte seine blutige Ware, indem er einen Armstumpf oder einen Kopf bei den Haaren packte und sie zu einem Spottpreis der kaufinteressierten Menschenmenge billig anbot. Auch Halim litt unter den Folgen der kriegerischen Ereignisse, obwohl sie nur an zwei Kriegshandlungen teilgenommen hatten, wie Halim immer wieder, verwundert über die psychischen Belastungen, feststellen musste. Doch sowohl seine körperliche Wunde, ein glatter Schulterdurchschuss, als auch seine seelischen Depressionen heilten schneller. Jeden Tag wendete er sich gen Mekka und dankte Allah für das Leben, das Allah ihm neu geschenkt hatte. Und Paul dankte dem lieben Gott heimlich für die Kraft und den Mut Halims, Paul aus der Gefahrenzone des feindlichen Panzers unter Einsatz seines Lebens gerettet zu haben. Dafür würde Paul, auch wenn er von nun an auf einen Stock nicht mehr verzichten konnte, jeden Tag dankbar sein.

Vier Jahre waren seit der Eroberung des Wüstenortes Aozou vergangen. Eine tiefe Freundschaft verband Paul und Halim, der das Angebot Kenem N'Dabes, in der Werkstatt mit Hand anzulegen, um sie vielleicht irgendwann einmal in günstigeren Zeiten zu vergrößern, mit einem kräftigen Handschlag angenommen hatte. Als ehemaliger Fahrer eines Toyotas in der Armee hatte Halim ein inhärentes Interesse an der Reparatur von Autos, obwohl er davon träumte, und das war seine einzige Bedingung für die Zusage, einen Handel mit Autos in der Werkstatt zu integrieren, denn wie auch sein Vater, der nichts dagegen einzuwenden hatte, dass sein Sohn, ein Muslim, mit einem Christen zusammenarbeitete, - schließlich hatten sie gemeinsam im Krieg gekämpft -, lag Halim der Ankauf und Verkauf von Produkten. Und Autos waren sicherlich ein zukunftsträchtiges Produkt in einer Hauptstadt, die unaufhörlich wuchs. In diesen vier Jahren war Kenem N'Dabe ein glücklicher Mensch, wurde doch sein jahrelang gehegter Traum erfüllt. Sein Sohn arbeitete in seiner Werkstatt, nicht nur, weil es der Vater so gewünscht hatte, nein, Paul reparierte Autos, weil es ihm Spaß machte. Mit Halim zusammen, der die ersten zwei Peugeot auf dem kleinen Vorhof der Werkstatt stolz zum Verkauf anbot, könnte es tatsächlich gelingen, eine gesicherte Zukunft in dem Land, das so von Unruhen zersetzt war, aufzubauen. Paul hatte an den einfachen Dingen des Lebens Gefallen gefunden, und daran war auch der Krieg schuld. Nur seine Beziehung mit Nala war in eine Sackgasse verlaufen. Nicht, dass sie sich nicht mehr trafen, aber seit der neue Präsident vor einigen Monaten die Macht im Tschad übernommen hatte, waren die heimlichen Treffen lebensgefährlich geworden, denn Nalas Eltern, Anhänger und Nutznießer der Politik Habrés, hatten zusammen mit ihrer Tochter das Land verlassen und lebten nun als Flüchtlinge in Nigeria. Paul besuchte Nala in Maiduguri so oft es ging, doch er wusste nie, ob die Geheimpolizei des neuen Präsidenten ihn nicht bei seinen Besuchen beobachtete. Doch er liebte sie, und obwohl Nalas Eltern, wie Halim bereits prophezeit hatte, sich entschieden gegen eine Heirat ihrer Tochter mit einem Christen ausgesprochen hatten, gab er Nala nicht auf, die ihn genauso sehr liebte und sich der Gefahr der verbotenen Liebe aussetzte. Nie würde Paul die Rückkehr aus dem Krieg vergessen, wie Nala, in Tränen gerührt, in seine Arme gefallen war. Der Stock und die damit verbundene Behinderung hatten der Liebe keinen Abbruch getan. Eine Liebe, die jedoch angesichts der politischen Veränderungen immer gefährlicher wurde.

In den politischen Wirren des Jahres 1991 war Kenem N'Dabe wieder einmal sehr besorgt um seine kleine Werkstatt, die er seit der Übernahme durch seinen Sohn und Halim nur noch dreimal die Woche besuchte, doch er hoffte, von den neuen Regierungssoldaten, die immer wieder auf der Suche nach Rebellen ihre eigentliche Aufgabe vergaßen und mordend und plündern durch die Städte zogen, unbehelligt zu bleiben. So war er sehr froh, Halim Sayed in der Werkstatt aufgenommen zu haben, der auch, wie der neue Staatschef, vom Volk der Bideyat abstammte. In den letzten Jahren hatte sich der

Kundenstamm weiter vergrößert, und es war nicht anmaßend zu behaupten, dass sich Kenem N'Dabe mit seiner Werkstatt einen guten Ruf in der Hauptstadt erworben hatte.

Es war der vierte Jahrestag der Rückkehr Ihres Sohnes Paul aus dem Krieg, ein Tag, den die Familie N'Dabe von jenem freudigen Augenblick an mit einem großen Mahl feierte. Auch Halim Sayed und seine Freundin Khadija Gaba, die er in der Bar Ma Carriére vor einem Jahr kennen gelernt hatte, waren zusammen mit den Verwandten der N'Dabes zu dem feierlichen Abendessen an diesem Freitagabend eingeladen worden. Khadija gehörte wie Halim zur Religionsgruppe des Islam, doch ihre Zugehörigkeit zum Stamm der Kanuri bereitete Halims Vater, Mohamad Sayed, ein wenig Sorgen, da er gehofft hatte, dass sein Sohn eine Frau seines Stammes heiraten würde. Zudem glaubte Mohamad Sayed eine Zeit lang zu wissen, dass sein Sohn und seine Freundin nicht zusammenpassen würden, aus Gründen, die er nicht erklären konnte. Die Sorge Halims jedoch, dass rein äußerliche Merkmale die zunächst ablehnende Haltung Mohamads begründete, im Gegensatz zu den Bideyats waren die Kanuri ein negrider Stamm, bewies sich zunehmend als unbegründet, da Mohamat mit Freuden beobachtete, wie glücklich Halim mit seiner Khadija war. Er hatte sie beim Tanzen in der Bar Ma Carriére kennen gelernt, als er sie zu einem Tanz aufgefordert hatte, nachdem ihm ihr weicher, wiegender Hüftschwung beim Tanzen aufgefallen war. Und so saßen nun am Abend des vierten Jahrestags der Rückkehr Pauls Menschen unterschiedlicher Religionen und Stämme friedlich zusammen und genossen die Unterhaltung und das köstliche Essen. Als Nachspeise zum Hauptgericht, das aus gebratenen Nudeln mit Hammelfleisch und gebratener Leber und Nieren bestand, hatte Halim zur Feier des Tages *Tuni foh* spendiert, ein wohlschmeckender Mehl aus zerstampften Datteln und

Erdnüssen. Für Halim und Khadija war es das letzte große Abendessen, bevor ihnen der Ramadan am 9. Monat des islamischen Mondjahres das Fasten vom Morgengrauen bis zum Sonnenuntergang vorschrieb. Erst beim Erscheinen des Neumondes wurde mit einem großen religiösen Fest, das Aid-el Fidre, das langersehnte Fastenbrechen begangen. Umso mehr genossen sie das friedliche Abendessen.

"Schade, dass Nala nicht hier ist", bedauerte Halim ihre Abwesenheit und schaute zu Paul herüber, der bei der Erwähnung ihres Namens traurig dreinblickte.

"Ihre Eltern haben Angst, dass sie, wenn sie Nigeria verlässt, von Regierungssoldaten aufgegriffen wird. Und sie würden es schon gar nicht zulassen, ihre Tochter der Gefahr auszusetzen, nur um mich zu besuchen."

„Geht es Nalas Eltern gut?", fragte Halim, der froh war, dass sein Vater als Dolmetscher bei der Firma Cotonchad von den politischen Wirren verschont geblieben war.

„Nalas Eltern geht es verhältnismäßig gut. Sie haben ihr Vermögen mitnehmen können, doch noch hat ihr Vater keine neue Tätigkeit, und er denkt schon über eine erneute Übersiedlung nach Frankreich nach, wo er noch viele Beziehungen hat, die es nun gilt, sinnvoll zu nutzen."

„Aber wie soll es weitergehen mit dir und Nala?", fragte sein Onkel, der sich noch ein paar Nudeln, die er vorher in einer Erdnusssoße getaucht hatte, mit der Hand in den Mund schob.

„Ich weiß es nicht. Ich schreibe ihr heimlich Briefe und besuche sie alle zwei, drei Wochen, wenn die Zeit es mir erlaubt."

„Aber du kannst sie nicht heiraten, stimmt' s?"

Seine Tante war immer auf das Heiraten aus. Vergeblich wartete sie schon seit Jahren auf eine Veränderung der Situation, die sie nur schwer verstand, und immer wieder suchte sie eine Bestätigung ihrer Verwirrung.

„Ja, Tante", antwortete Paul höflich, der ihre ständig wiederholte Frage nicht immer so gelassen hinnahm wie an diesem Abend.

„Nala darf keinen Christen heiraten. Ich müsste die Religion Halims und Khadija annehmen, um sie zu heiraten."

„Aber ich verstehe nicht. Warum nimmst du dir dann nicht eine andere Frau?"

„Weil ich sie liebe."

„Willst du denn nicht heiraten?"

„Ja, Tante."

„Aber du kannst sie nicht heiraten, also wirst du nie heiraten, stimmt' s?"

„Wie sagte der Missionar in Onoko? Gottes Wege sind unergründlich. Ich werde sie auf jeden Fall bald wieder in Maiduguri besuchen."

Nicht recht zufrieden mit der Antwort schaute seine Tante Paul noch einmal kurz an und blickte zu Halim herüber, der Khadija verliebt anschaute.

„Aber ihr könnt heiraten, stimmt' s?"

Verliebt schaute Khadija Halim an und suchte seine Hand, die er in ihre Hand lag.

„Ja, wir können heiraten, und vielleicht wird dies auch bald geschehen."

Mit einem vielsagenden Blick schauten sie sich verliebt in die Augen. Paul wünschte sich so sehr, dass sie heiraten würden, denn Halim hatte eine so gute und treu umsorgende Frau wie Khadija wirklich verdient.

„Paul, erzähl uns doch noch einmal die Geschichte, wie ihr die Panzer erledigt habt".

Obwohl Kenem nicht viel vom Krieg hielt, war er dennoch jedes Mal darauf bedacht, vor all den Gästen die Geschichte noch einmal erzählt zu bekommen.

„Ich glaube, Paul hat keine Lust mehr, jedes Jahr zur Feier seiner Rückkehr diese schreckliche Geschichte zu erzählen", half Achta ihrem Sohn, der erleichtert zu ihr hinüberblickte.

„Auch Halim wird dir diese Geschichte nicht erzählen können", sagte sie zu ihrem Ehemann, der schon erwartungsvoll zu Pauls Freund hinüberblickte, "die Geschichte liegt schon so lange zurück, stimmt' s Halim?"

„Ich habe schon lange nicht mehr alle Einzelheiten im Kopf, so dass die Geschichte nicht mehr so ausführlich erzählt werden kann wie vor zwei Jahren zum Beispiel."

Enttäuscht schaute Kenem auf den Boden und trank einen Schluck Gala Bier aus der Flasche.

„Außerdem ist es viel schöner, über die Rückkehr zu berichten, die ja auch Anlass unseres Treffens ist", ergänzte Halim diplomatisch und hoffte, Kenems Enttäuschung ein wenig zu lindern, der immer so stolz war, wenn sein Sohn über den Krieg berichtete.

„Ja; Paul, erzähl uns etwas über eure Rückkehr aus dem schrecklichen Krieg."

Und so begann Paul, Halim ab und zu zur Bestätigung anschauend, über einen französischen Offizier zu berichten, der Paul eine Rehabilitationsklinik in Frankreich zur Genesung vorgeschlagen hatte. Ein Vorschlag, der für die N'Dabes vergleichbar war mit einem Flug zum Mars. Er berichtete über den Jubel der Truppen nach der siegreichen Eroberung Aozous, einen Jubel den er nicht teilen konnte. Und er teilte seinen Besuchern die Tränen und die Liebe mit, die er so grenzenlos empfand, als sein Vater und seine Mutter ihn von der Busstation abgeholt hatten. Nur mit größter Anstrengung war er mit zwei Krücken aus dem Bus hinausgeklettert, und beinah wäre er in seiner Eile, aus dem Bus hinauszukommen, an der letzten Stufe der Tür zu Boden gefallen. Und er erzählte ihnen von Nala, die in einem kleinen Abstand hinter seinen Eltern sehnsüchtig, aber schrecklich diszipliniert auf ihn gewartet hatte, nachdem seine Eltern ihn umarmt und nicht mehr loslassen wollten. Bei dem Wiedersehen hatten Pauls Eltern auch Halims Eltern kennen gelernt, die ihren Sohn mit der gleichen Wärme und Liebe empfangen hatten. Und immer, wenn Paul die Geschichte erzählte, waren seine Eltern zu Tränen gerührt.

„Wir waren so froh, dass Paul lebte. Wir hatten von den vielen libyschen Gefallenen gehört und befürchteten für unseren Sohn das Schlimmste", sagte Kenem leise und schaute seinen Sohn an, „doch als der Brief nach vielen Wochen endlich bei uns ankam, da waren wir über seinen doppelten Beinbruch überglücklich. Verrückt, nicht wahr?"

„Daran ist gar nichts verrückt, Kenem", sagte seine Frau verständnisvoll, "warum müssen nur so viele Menschen sterben? Sie sterben ja nicht nur im Krieg, sie sterben in diesem Land auch an Hunger."

Khadija hob ihren Kopf und blickte zu Achta hinüber.

„Als kleines Kind hatte mir meine Mutter einmal eine Geschichte erzählt, die ich nie vergessen habe. Die Geschichte soll erkären, warum Menschen sterben."

Interessiert schauten die Zuhörer Khadija an und sie fuhr fort, die Geschichte zu erzählen.

„Eine arme Bäuerin traf auf ihrem Weg zur Arbeit den Tod. Der Tod hatte einen Zahn zu verkaufen und zeigte ihn der Frau, die ihn sofort ausprobierte. Der Zahn passte ihr wie angegossen, und sie weigerte sich, den Zahn wieder herauszugeben. Der Tod aber verlangte den Zahn zurück. Die arme Frau ruckte und zuckte an dem Zahn, doch er gab nicht nach. 'Ich biete dir meine drei Ziegen an', sagte die Frau, doch der Tod schüttelte nur den Kopf. 'Willst du meine drei Kühe haben', fragte die Bäuerin, doch wieder war der Tod an dem Angebot nicht interessiert. 'Dann gebe ich dir meinen allerwertvollsten Schatz, meinen Sohn Kaikuri. Er ist ein guter Jäger und hat viele Hunde, mit denen er Wild tötet'. 'Gut', sagte der Tod, und zog von dannen. Auf dem Weg traf er einen Jäger. 'Bist du Kaikuri', fragte der Tod. 'Ja, der bin ich', antwortete Kaikuri. Der Tod forderte den Sohn zum Kampf auf, doch schnell war Kaikuri der Stärkere. Dennoch gelang es dem Tod, Kaikuri zu überlisten, und er drückte ihm den Hals zu. Doch Kaikuris Hunde retteten ihn und er tötete den Tod. Doch der Tod stand wieder auf. Kaikuri verbrannte den Tod und machte sich auf zum Gehen. 'Du gehst nicht fort', schrie die Feuersglut. Und so goss er Wasser auf die Glut. Zu Hause angekommen, gab die Mutter dem Sohn stolz den Erwerb des Zahns bekannt. Wütend gab der Sohn ihr einen Schlag ins Gesicht, und der Zahn fiel in ein Hirsefeld. Die Mutter konnte den Zahn nicht mehr finden. Seitdem leben die Toten in den Hirsefeldern. Die Menschen essen die Hirse. Dann sterben sie. Seit dieser Zeit sterben die Menschen."

„Das ist eine schöne Geschichte, Khadija, sie gefällt mir sehr gut", sagte Achta schwermütig, „ich habe keine Angst vor dem Tod, ich fürchte mich nur vor dem Sterben, das nicht selten mit schrecklichen Qualen verbunden ist. Hast du den Toten heute gesehen, den sie aus dem Chari gefischt haben?"

„Kein Wort mehr darüber, Frau", schimpfte Kenem, „unsere Gäste sollen fröhlich sein und nicht schwermütig."

„Es ist eine schlechte Zeit für Fröhlichkeit, Kenem", sagte Halim grübelnd, „haben wir denn nicht alle gedacht, dass nach Habré, wenn nicht ein demokratischer Präsident, dann doch wenigstens ein menschlicher Diktator kommen würde, der nicht durch Folter und Mord sein Land regieren würde?"

„Halim, es zeigt, du bist noch sehr jung und voller Illusion. Ein menschlicher Diktator ist so unsinnig wie ein freundliches Krokodil im Tschad See, das dich nicht fressen, sondern mit dir spielen will", sagte Pauls Onkel, der lange schweigsam zugehört hatte, „sicherlich das Krokodil kann mit dir spielen, aber es spielt nur, um dich nachher zu fressen."

Paul liebte es, ganz im Gegensatz zu Kenem, mit seinem Onkel über Politik zu sprechen.

„Du meinst also, der neue Präsident spielt mit uns, indem er sich demokratisch gibt, ich denke vor allem an sein Gerede über ein Mehrparteiensystem, um zu sehen, wo seine Feinde sind, und dann schnappt er zu."

„Nicht so laut, Paul", zischte Kenem, „mit deinem Gerede bringst du uns noch einmal in Schwierigkeiten."

„Ja, ja, für dich gilt nur das Geschäft."

„Was ist schlecht daran, nur an sein Geschäft zu denken? Ich möchte nicht irgendwann als unbekannte Leiche den Chari hinuntertreiben, und darum halte ich mich aus allem heraus."

„Kenem hat Recht", unterstützte ihn seine Frau, „was können wir Kleinen schon unternehmen gegen die da oben? Nach Habré kam der neue Präsident und nach dem kommt wieder jemand anders, der mit den gleichen Mitteln wie alle anderen vorher seine Macht festigen will. Für uns bleibt immer nur die Hoffnung, von den Machtkämpfen und der großen Politik einigermaßen verschont zu bleiben. Und so ist es schon in Ordnung, dass Kenem nur an sein Geschäft denkt, denn nur da können wir etwas bewirken."

"Und wie", rief Halim laut aus, froh, dem ernsten Gespräch eine Wende zu geben, "ich habe heute, das weiß Kenem noch gar nicht, mein erstes Auto verkauft."

„Das muss gefeiert werden!", rief Kenem freudig aus, „ich glaube, Halim und Paul werden meine Werkstatt irgendwann ausbauen müssen. Und ich sehe schon zwanzig, ach was, fünfzig, nein hundert Autos auf dem Hof stehen, die Halim alle verkaufen wird."

„Lasst uns auf die schönen Momente des Lebens trinken."

Sie alle, außer Khadija, tranken Gala Bier. Auch Halim, der in dieser Hinsicht eine kleine Schwäche gegenüber seinem islamischen Glauben offenbarte, doch er war sich gewiss, dass Allah ihm dieses kleine Vergehen schon verzeihen würde. Und so feierten sie den Verkauf des ersten Gebrauchtwagens wie die Geburt eines ersten Kindes, in der Hoffnung, dass noch viele folgen würden.

Ein heftiges, bedrohliches Klopfen an der Tür der kleinen Hütte beendete die heitere Ausgelassenheit der letzten Minuten, die so erfüllt waren von der Hoffnung auf ein besseres Leben. Wieder ertönte das dumpfe, jetzt lauter klingende Pochen an der Tür. Niemand sprach. Sie schauten sich gegenseitig an, als ob noch jemand einen Gast erwarten würde, doch das Klopfen nahm an Bedrohlichkeit zu.

„*Ouvrez! Ouvrez la porte immèdiatement ou nous l'enfoncons !*"

Langsam stand Kenem vom Boden auf. Sein Herz glaubte Kenem so laut klopfen zu hören wie das Poltern an der Tür.

„Zum letzten Mal, machen sie die Tür auf!"

„Ja, ja, ich komme ja schon."

Noch bevor Kenem die Tür weit öffnen konnte, drangen sieben Regierungssoldaten in die Hütte ein und schoben den armen, alten Mann wie eine wehrlose Puppe vor sich her. Ihre Kalaschnikows lässig über ihren Schultern hängend, standen sie schussbereit in der kleinen, engen Hütte und inspizierten die Besucher argwöhnisch, die verängstigt näher zusammengerückt waren.

„Kontrolliert die Hütte!", sagte der Wortführer kurz und befahl den sechs Soldaten mit einer kurzen Handbewegung, die Hütte gründlich zu untersuchen, die nun begannen, die Hütte nach versteckten Nischen oder Kellern zu durchstöbern.

„Was suchen sie denn?", fragte Kenem, der seinen ganzen Mut

zusammengenommen hatte, um diesen mächtigen Mann mit dem Schnellfeuergewehr herausfordernd anzuschauen, der ihn nicht zur Kenntnis nahm.

*„J'ai demandé ce que vous faites ici."*

Der Gewehrkolben landete hart und schmerzhaft auf der Brust Kenems, der unter dem heftigen Schlag mit einem unterdrückten Schmerzensschrei nach hinten stolperte und von Halim aufgefangen wurde. Pauls Versuch, sich aus dem festen Griff seines Onkels herauszuwinden, um sich auf den Soldaten zu stürzen, scheiterte an der Entschlossenheit seines Onkels, Paul nicht in sein Verderben rennen zu lassen.

*„Je pose les questions!* Haben sie hier in diesem Viertel irgendwelche Verdächtigen herumlaufen sehen?"

Niemand antwortete. Stumm blickten sie zu Boden.

„Ich wiederhole meine Fragen nur ungern. Haben sie hier Verdächtige herumlaufen sehen? Versprengte Rebellen der Widerstandsgruppe Habrés, die immer noch hier herumstreuen."

„Wir haben niemanden gesehen, hören Sie? Verlassen sie unser Haus".

Achta schaute erstaunt zu ihrem Mann hinüber. Noch nie hatte sie ihn so wütend, so entschlossen gesehen, als wollte er sich auf den Anführer werfen, um ihn persönlich aus dem Haus zu werfen. Der Anführer, in seiner Herrlichkeit provoziert, kam drohend zu Kenem herübergeschritten, doch Achta stellte sich schützend in den Weg.

„Hören Sie, wir haben niemanden gesehen, der wie ein Rebell aussieht? Bitte glauben sie uns."

Die sechs Soldaten, die, nachdem sie die Hütte gründlich verwüstet hatten, kopfschüttelnd zu ihrem Anführer zurückkamen, retteten Achta vor einem Hieb mit dem Gewehrkolben, die bereits ihre Hände schützend vor ihren Kopf hochgerissen hatte. Enttäuscht von der Nachricht, ließ der Anführer seinen Blick langsam über die Gruppe streifen, als wollte er sich jedes einzelne Gesicht zwecks späterer Identifikation genau einprägen.

„Sollte sich herausstellen, dass ihr gelogen habt, kommen wir wieder. Und ich verspreche euch, ihr werdet euch wünschen, niemals gelogen zu haben.

„*En route*!"

Sobald die Soldaten die Hütte verlassen hatten, kümmerte sich Achta sorgenvoll um ihren Mann, den sie in diesem Augenblick mit anderen Augen ansah, hatte sie doch niemals solch ein unerwartet mutiges Auftreten ihres Ehemanns erwartet.

„Wieso?", fragte Achta verwundert, „wieso hast du das getan?"

„Was ich habe ich denn getan?", fragte Kenem mit gespielter Neugier.

„Das weißt du doch ganz genau. Du hast dich fast auf ihn geworfen, um ihn zum Verlassen der Hütte aufzufordern."

„Ach das. Das war doch gar nichts."

„Das war sehr mutig", bestätigte Halim Achtas Eindruck und nickte anerkennend mit dem Kopf.

„Immer wieder gibt es neue Regierungen und neue Soldaten, aber es sind doch nur Rebellen, die Rebellen bekämpfen, und unter dem Vorwand, für Ruhe und Ordnung zu sorgen, ziehen sie mordend und plündernd durch die Städte", schimpfte Kenems Onkel mit lauter Stimme, empört über die Hilflosigkeit gegenüber dem Missbrauch der Staatsgewalt.

„In Doba wüteten Soldaten in den Straßen, nachdem Rebellen die Garnison angegriffen haben. Sie ermordeten wahllos Zivilisten. 100 Menschen starben, darunter zahlreiche Kinder. Und was tut die Regierung des neuen Machthabers? Sie kündigt eine gerichtliche Untersuchung an, die nie stattgefunden hat. Und die Verantwortlichen für das abscheuliche Blutbad laufen immer noch frei und unbehelligt herum", bestätigte Kenem voller Erregung die Beobachtungen seines Onkels.

„Woher hast du denn die Informationen?", fragte seine Tante kritisch.

„Aus der N'Djamena Hebdo."

„Eine gefährliche Zeitung", sagte sein Onkel, dem der entrüstete Blick seines Neffen nicht entging, „sie ist gefährlich, weil sie Mut hat, die Wahrheit zu sagen. Die Journalisten riskieren ihr Leben für die Veröffentlichung einer unangenehmen Wahrheit, die Licht auf die Gräueltaten der Herrschenden wirft. Todesschwadronen werden ausgeschickt, um die Verkünder der Wahrheit zu ermorden. Die Pressefreiheit stirbt einen langsamen Tod."

„Unser Land kommt nicht zur Ruhe", sagte Kenem traurig, der sich von dem Schock der Erniedrigung, die schmerzhafter war als der Kolbenhieb, erholt hatte, „wer weiß, was noch auf unser Land zukommen wird. Hoffen wir, Halim, dass der neue Machthaber irgendwann dein menschlicher Diktator sein wird". Er schaute zu Halim herüber, der Kenem lächelnd anschaute. Obwohl er dem Islam angehörte, fühlte sich Halim bei den N'Dabes sehr wohl, die ihn weder im beruflichen noch im privaten Bereich ausgrenzten, und auch Khadija hatte die tiefe Freundlichkeit der Familie beim ersten Besuch sofort verspürt. Das Eindringen der Soldaten in das Haus der N'Dabes hatte sie mehr erschreckt, als sie zuzugeben gedachte, vor allem Kenems Aufforderung an den Wortführer der Soldaten, das Haus zu verlassen, hatte sie eher mit Skepsis betrachtet, denn der Willkür der Regierungssoldaten waren nach Khadijas Empfinden keine Grenzen gesetzt.

Khadijas Vater war ein armer Baumwollpflanzer. Seit Jahren hatte Dangde Gaba keine gute Ernte mehr eingetragen, die er der Cotonchad hätte gewinnbringend verkaufen können.

In frühen Jahren den Verlockungen einer Intensivierung seines kleinen landwirtschaftlichen Betriebes erlegen, hatte Dangde auf die herkömmliche Düngung seiner Felder mit Humus verzichtet und anstatt dessen seine Hoffnungen auf Kunstdünger und Pestizide gesetzt. So begann ein Teufelskreis, der Dangde immer tiefer und schneller in einen Sog von Missernten und Schulden hineinriss. Um der zunehmenden Abnahme der Fruchtbarkeit des Bodens, bedingt durch die unsachgemäße Bewirtschaftung, entgegenzuwirken, streute Dangde immer größere Mengen Kunstdünger auf seine ehemals fruchtbaren Felder. Doch die Erträge nahmen ständig ab, und die Unkosten wuchsen über seinen Kopf, und dies zu einem Zeitpunkt, als die Weltmarktpreise für Baumwolle unaufhaltsam sanken. Dangde klagte über immer öfter auftretende Kopf- und Augenschmerzen. Khadija hatte mit großer Sorge die Schwindelgefühle und auch sein Erbrechen zur Kenntnis genommen, Symptome einer Vergiftung, wie sie vermutete, die, so hatte Khadija versucht, es ihrem Vater eindringlich zu verstehen zu geben, durch den übertriebenen Einsatz seiner sorgfältig bewachten Pflanzenschutzmittel hervorgerufen werden könnten. So war es Khadija, die ihren Vater mit ihrem knappen Einkommen als Kassiererin in einem kleinen Kino finanziell unterstützen musste, das sie durch eine Nebentätigkeit als Zimmermädchen im Hotel du Lac Tchad ein wenig aufbessern konnte. Seit sie Halim und seine Begabung als auch seine mitreißende Begeisterung für den Gebrauchtwagenhandel kennen gelernt hatte, keimte in ihr die Hoffnung, aus dem tristen Leben am Rande der Existenz ausbrechen zu können. Sie hatte es so satt, wie sie Halim des Öfteren in einfachen Worten zu verstehen gegeben hatte, ständig „aus der Hand in den Mund" zu leben.

Nachdem Khadija Pauls Mutter beim Aufräumen

geholfen hatte, war der Zeitpunkt des Aufbruchs gekommen. Noch immer lag eine bleierne Schwüle über der Hauptstadt, als Khadija und Halim die Hütte nach Mitternacht verließen, um sich auf den Weg zu Halims kleiner Wohnung im arabischen Viertel zu begeben. Während sie auf der Avenue de la Révolution im Chagoua Viertel in nördliche Richtung entlang liefen, fiel Halim die ungewohnte Stille in dem sonst so lebendigen Viertel am frühen Samstagmorgen auf. Nur vereinzelt kamen ihnen Passanten entgegen, die verstohlen auf den Boden blickend, an ihnen vorbeihuschten. Die laute, plärrende Musik, die den nächtlichen Wanderer aus den sonst weit geöffneten Türen der Bars und Disco begleitete, war nun gedämpft und kaum wahrnehmbar. Leise schlichen Halim und Khadija, nachdem sie links auf die Avenue Charles de Gaulle abgebogen waren, eng an den Häuserwänden entlang. Eine lähmende Friedhofstille hatte sich im Stadtviertel Paris Congo ausgebreitet. Doch plötzlich zerriss eine Salve von Gewehrschüssen die tödliche Stille. Kommandos wurden gerufen. Ganz in der Nähe. Das Echo klappernder Schritte in der Nacht hallte zu ihnen herüber. Sie kamen näher. Halim und Khadija schreckten zusammen. Noch bevor sie sich verstecken konnten, kam ein Mann aus einem kleinen Weg, der zwischen zwei Häusern verlief, herausgerannt. Sein vor Angst verzerrtes Gesicht blickte sie erschrocken an, als er an ihnen, gehetzt von der Meute, die ihm nah auf den Fersen war, vorbeirannte. Geistesgegenwärtig drückten sich Halim und Khadija an eine im dunklen Schatten liegende Häuserwand, als schon die ersten Soldaten an ihnen vorbeirannten. Wieder erschallte der Befehl zum Stehen bleiben. Der gezielte Schuss eines jungen Soldaten traf den flüchtenden Mann in den Rücken. Seine Arme hochreißend, fiel er, tödlich getroffen, seitlich auf den Boden. Die Soldaten klopften dem Schützen anerkennend auf die

Schulter, bevor sie sich langsam, die Gewehre im Anschlag, sich dem leblosen Körper näherten. Khadija konnte den Anblick der Leiche nicht länger ertragen und suchte Schutz in den Armen Halims, der sanft ihren bebenden Körper streichelte. Doch es blieb keine Zeit. Sie mussten weiter. Noch einmal in Richtung der Soldaten schauend, die jetzt den leblosen Körper mit Füßen traten, verließen sie den Schutz der dunklen Häuserwand und tapsten mit leisen Schritten weiter die Straße entlang. Erst als sie in die Avenue Beza einbogen, fühlten sie sich sicher, nicht verfolgt worden zu sein.

„Wer war wohl der Mann?", fragte Khadija äußerlich gefasst, dennoch aber, nervös über ihren Rücken blickend, Ausschau nach möglichen Verfolgern hielt.

„Vermutlich ein Rebell."

„Ich werde seinen Gesichtsausdruck niemals vergessen".

„Es war der Gesichtsausdruck eines zu Tode gehetzten Menschen. Vielleicht wusste er, dass er sterben      würde."

„Meinst du?"

„Ich glaube, jeder Mensch wird irgendwann wissen, dass der Zeitpunkt zum Sterben gekommen ist."

„Hast du an den Tod gedacht in Aozou?"

„Es ist seltsam. Obwohl ich eine schreckliche Anspannung vor dem Einsatz gespürt habe, war niemals der Gedanke an den Tod vorhanden. Während des Kampfes bleibt dir keine Zeit, an den Tod zu denken."

Doch Halim wurde plötzlich aus seinen Gedanken herausgerissen. Wie vom Blitz getroffen, blieb Halim ruckartig stehen. Khadija riss beim Anblick der vier Soldaten, die wie aus dem Nichts aus einem Haus herausgetreten waren, vor Schreck ihren Mund auf, um eine Warnung auszustoßen, doch es war zu spät. Schon richteten sich die entsicherten Maschinengewehre bedrohlich nah auf ihre Körper. Die Soldaten waren nervös.

Unsicher umzingelten sie Halim und Khadija, die nun in einem Kreis gefangen waren.

„Ausweis!", befahl ein hagerer Soldat, dessen Uniform um seine Beine herum wild schlotterte. Seine schwere Taschenlampe warf einen hellen Lichtkreis auf Halims Gesicht.

*„J n'ai que mon permis de conduire"*, sagte Halim im ruhigen Ton.

*„D' accord!"*

Langsam holte Halim sein Führerschein vorsichtig aus der Gesäßtasche hervor und reichte das Schriftstück dem Soldaten hinüber, der es im Schein der Taschenlampe sorgfältig las.

„Mhm", brummte er unzufrieden, *„et elle lá?"*

*„C'est mon amie."*

Mit einem stechenden Blick prüfte der Soldat mit den schlotternden Hosenbeinen ihr Gesicht, dass Khadija wie eine Ewigkeit erschien. Sie hoffte, dass der Soldat nicht ihre Angst spürte, die sie beim Anblick der Maschinengewehrmündungen ergriffen hatte. Nur eine kleine, unachtsame Bewegung mit dem Zeigefinger könnte die Kalaschnikow zum todbringenden Leben erwecken. Endlich wandte sich der Soldat wieder Halim zu.

„Wir suchen sechs Rebellen, die in Bomboyo die Polizeistation angegriffen haben."

„Haben sie irgendetwas Verdächtiges gesehen?"

Halim schaute Khadija an, die ihren Kopf schüttelte. Sollte er ihnen von der Erschießung des Unbekannten berichten? Schnell jedoch verwarf Halim diesen Gedanken.

„Nein, haben wir nicht."

„Lasst sie durch", befahl der hagere Soldat.

Sie durchbrachen den Kreis der Soldaten, die nun wieder ihres Weges gingen, um nach den versprengten Rebellen Ausschau zu halten, die sich irgendwo in N'Djamena versteckt hielten. Endlich erreichten Halim und Kahdija sicher die kleine

Wohnung. Erschöpft von den Ereignissen der letzten Minuten, bereitete Halim einen starken, süßen, heiß dampfenden Tee zu, den er im hohen Bogen in kleine Tassen goss, während draußen erneut das dumpfe Knattern einer Maschinengewehrsalve ertönte.

*

In den nächsten Wochen kam N'Djamena nicht zur Ruhe. Immer wieder suchten kleine Stoßtrupps der Rebellen den Kampf mit der neuen Regierungsarmee, die wütend zurückschlug und in einem Rundumschlag oppositionelle Gruppierungen ohne Gerichtsverfahren verhaften ließ. Der neue Machthaber führte eine harte Hand. Das soziale Leben in N'Djamena erlahmte zusehends. Die Menschen blieben abends aus Furcht vor plötzlich ausbrechenden Scharmützeln in ihren Häusern, die Barbesitzer klagten über geringere Einnahmen, und überhaupt war das Leben in der Großstadt nicht mehr lebenswert. Und dennoch strömten täglich immer mehr Menschen in die Hauptstadt hinein, auf der Suche nach einem neuen Leben, das ihnen die Chance gab, ihr Glück zu finden, dachte Paul an einem Montagmorgen, als er das geschäftige Treiben und das Gewirr von Menschen auf der Straße von seinem Auto aus beobachtete.

Seit beinah zwei Jahren war Paul der Besitzer eines klapprigen, am Kotflügel leicht verbeulten Renault 5, den er nach langer Diskussion mit seinem Vater - wozu ein Auto, wenn die Werkstatt mit dem Fahrrad in fünfzehn Minuten zu erreichen war? - billig erworben hatte. Das Autofahren befreite Paul von seiner leichten Gehbehinderung, die auch nach vier Jahren die Zuhilfenahme eines Gehstocks erforderte.

Letztendlich hatte das Argument, die Kunden vor Ort mit Ersatzteilen erreichen zu können, seinen Vater umgestimmt. Zudem besaß Halim bereits einen Führerschein, und wer nicht die Zeichen einer neuen Zeit, einer Zeit der zunehmenden Motorisierung, erkannte, der war verloren.

Paul war auf dem Weg zu einem Kunden. Dass der Motor nicht mehr ansprang, war sicher nur auf eine Kleinigkeit zurückzuführen, vermutete Paul. Vermutlich nur eine leere Batterie. Vor ihm lag nun das Stadion von N'Djamena. Eine ungewöhnlich große Anzahl von Menschen hatte sich vor dem Eingang versammelt. Und das an einem Montag. An einem Montag? Paul schaute kurz auf seine Uhr. Er war viel zu früh von der Werkstatt losgefahren und hatte noch ein wenig Zeit, um sich über den Grund dieser wahrlich seltsamen Versammlung zu erkundigen. Nachdem er seinen Wagen sicher abgestellt hatte, lief er neugierig in Richtung des Haupteingangs, wo er ein großes Schild über dem Tor erkennen konnte. Noch konnte er nicht entziffern, was dort in großen Schriftzügen verkündet wurde. Er begann, schneller zu laufen. Eine unerklärliche Unruhe hatte ihn ergriffen. Immer deutlicher leuchteten die schwarzen Schriftzüge Paul entgegen. Sein Herz stockte, als er die Ankündigung auf dem großen Plakat mit ungläubigem Blick seiner großen Kulleraugen las.

## *Öffentliche Hinrichtung 10 Uhr*

Paul konnte es nicht glauben. Noch nie hatte es eine öffentliche Hinrichtung in N'Djamena gegeben. Doch wer sollte dort exekutiert werden? Und wie? Etwas durch den Galgen? Paul schaute in den Innenraum des Stadions. Eine Vorrichtung zum Erhängen der Delinquenten war nicht zu sehen. Auch ein

Schafott, das auf eine Guillotine hätte hinweisen können, war ebenso nicht vorhanden. Gefangen in der Menschenmenge wurde Paul weiter und weiter durch den Eingang gedrängt. „Öffentliche Hinrichtung um 10 Uhr! Öffentliche Hinrichtung um 10 Uhr!" Vor dem Stadion ertönten laute Stimmen, die die Hinrichtung wie eine heißbegehrte Ware, die auf dem Markt feilgeboten wurde, verkündeten. Er musste doch gehen! Der Versuch, gegen den Strom der Menschen ankämpfend, in die entgegengesetzte Richtung zum Ausgang zu gelangen, schlug fehl. Aber wenn nicht durch den Galgen und durch das Fallbeil, wie sonst sollte die Hinrichtung durchgeführt werden? Paul reckte seinen Kopf über die vor ihm Stehenden und erkannte nun vier Holzpfähle auf dem Rasenplatz in Sichtweite der Haupttribüne. Erschießen! Das war es! Und vier Personen sollten erschossen werden! Fünfzehn Meter entfernt stand ein Tisch, vor dem ein Stuhl platziert war. Paul schaute auf seine Uhr. Er musste doch gehen. Pünktlichkeit war für ihn eine Tugend. Er hasste es, Kunden warten zu lassen.

„Weitergehen! Immer weitergehen! Nicht stehen bleiben!"

Soldaten mit Gewehren tauchten plötzlich in der Menschenmenge auf und leiteten die Schaulustigen in den Innenraum des Stadions. Zu spät! Paul stand mit einem Mal in der ersten Reihe, die durch eine gelbe Linie markiert wurde, hinter der weitere Soldaten die ankommenden Gäste des Spektakels auf ihre Plätze verwiesen. Noch einmal wendete er seinen Kopf in Richtung des Eingangs. Noch immer drängten sich die Besucher durch das kleine Tor. Unmöglich, jetzt noch das Stadion zu verlassen. Wieder schaute Paul auf seine Armbanduhr. Zum ersten Mal würde er mit Verspätung bei dem Kunden erscheinen. Und während Paul mögliche Ausreden zurechtlegte, liefen weitere Soldaten in Reih und Glied in das Stadion ein. Das musste das Erschießungskommando sein! Doch wer waren die vier Unglücklichen? Vielleicht würde es sein Nebenmann wissen?

„Die vier sind durch das Sondergericht des Diebstahls und des Mordes für schuldig befunden worden", informierte ihn ein in einem Anzug ungewöhnlich vornehm gekleideter Mann im mittleren Alter, der scheinbar alle Details kannte, „Der Präsident hat alle Gnadengesuche abgelehnt und heute sollen sie hingerichtet werden. Einer der vier Verurteilten ist Goukuni Laoubele, Vorsitzender der Mouvement pour la Démocratie Partei."

„Sie richten einen Oppositionellen öffentlich hin?"

„Na ja, es wird gesagt, er soll einen Wachmann im Gefängnis erdrosselt haben. Ah, da kommen sie!"

Gebannt starrte Paul auf die vier mit Handschellen gefesselten Delinquenten, die, in sich gekehrt, mit hängenden Köpfen und ausdruckslosen Gesichtern an Paul mit schweren Schritten vorbeitrotteten. Kein Zeichen von Angst. Kein Hinweis auf ein mögliches letztes Aufbäumen, ein letztes Sich-zur-Wehr-Setzen. Sie wirkten gefasst und hatten sich ihrem Schicksal ergeben. Die zum Tode Verurteilten waren zum Sterben bereit. Fasziniert und erschrocken zugleich starrte Paul auf die vier in sich zurückgezogenen Todeskandidaten, deren Anblick Paul zu der Feststellung verleiten ließ, lieber im Kampf zu sterben, als sich wehrlos zu ergeben. Warum rannten sie nicht weg? Warum griffen sie nicht die Soldaten an? Hatten sie noch irgendetwas zu verlieren? War es nicht humaner, auf der Flucht erschossen zu werden, als auf den Schuss zu warten, der das Leben unwiderruflich auslöschte?

„Der erste da vorne ist Goukuni Laoubele!", sagte der Mann im Anzug neben Paul aufgeregt und deutete mit ausgestrecktem Zeigefinger auf einen kleinen, untersetzten, aber sehr sympathisch wirkenden Mitfünfziger, dessen goldgerahmte

Brille dem Oppositionspolitiker einen Ausdruck hoher Intelligenz verlieh. Die Gruppe hatte nun die hohen Holzpfähle erreicht. Paul bemerkte die angespannte Stimmung unter den ungefähr achthundert Schaulustigen, die sich im vorderen Bereich des Stadions in der Nähe des Ausgangs versammelt hatten. Ein Soldat führte die Häftlinge zu den Holzpfählen, denen jetzt die Fußgelenke mit Stricken, die hinter den Holzstämmen herumliefen, festgezurrt wurden. Erst jetzt öffnete ein Soldat mit einem kleinen Schlüssel, den er erst nach langem Herumkramen umständlich aus der Hosentasche hervorgeholt hatte, die festsitzenden Handschellen. Goukini Laoubele rieb seine schmerzenden Handgelenke, doch die teilnahmslos wirkenden Soldaten gaben ihm keine Zeit, seine von den eng anliegenden Handschellen verursachten Schmerzen zu lindern, denn schon hatten sie seine Handgelenke ergriffen und führten sie hinter den Pfahl, um sie mit einem weiteren Strick festzubinden. Die Spannung wuchs ins Unerträgliche. Einige Pfiffe gellten durch das Stadion. War es der Ausdruck des Unbehagens? Für einen kurzen Augenblick schaute Paul in die Menge hinein. Sein Blick wanderte über die Köpfe hinweg. Er hätte nicht hierher kommen sollen. Nein, er verfluchte seine Neugier. Warum musste er nur den Grund für den Andrang vor dem Eingangstor nachgehen? Doch ein plötzlich einsetzendes Raunen der Zuschauer lenkte seine Aufmerksamkeit wieder auf die Hinrichtungsprozedur, wo nun ein Soldat mit schwarzen Binden, die an seinem linken Arm herunterhingen, an den Todeskandidaten vorbeilief und sie ihnen feilbot. Laoubele schüttelte seinen Kopf. Das schwarze Tuch verweigernd, schaute er starr geradeaus. Sein Blick traf Paul. Zumindest glaubte Paul, von Laoubeles starren Blick durchstochen zu werden. Nein! Unmöglich! Seinen Blick abwendend, versuchte Paul, den beunruhigenden Gedanken beiseite zu schieben. Doch da war es wieder! Noch immer starrte Laoubele stur in seine Richtung. Warum trug er keine schwarze Binde wie alle anderen in der Reihe? Konnte es nicht endlich losgehen? Doch wo war das Erschießungskommando? Aus den dunklen Katakomben des Stadions traten fünf Soldaten, jeder zwei Gewehre tragend, in das grelle Sonnenlicht und marschierten in Richtung der Hinrichtungsstätte und legten die Waffen neben dem Holztisch auf den Rasen, um dann auf die erste Reihe der Schaulustigen zuzugehen. Paul stockte der Atem. Was hatte dies zu bedeuten? Beim Näherkommen wanderte der Blick des Soldaten durch die erste Reihe. Nervös wich Paul den durchdringenden Blick des grimmig dreinschauenden Soldaten aus. Warum musste er nur hierher kommen? Warum nur?

„Du! Hierher!"

Der Blick des Soldaten traf Paul, der für einen Moment nicht wusste, was ihm geschah.

„Ich habe gesagt, hierher kommen! Sofort!"

Seine rechte Hand bohrte sich wie ein Schraubstock in Pauls Arm und zog ihn aus der Anonymität der Menschenmenge hinaus, die nun laut zu protestieren begann, denn neun weitere, wahllos aus der Gruppe herausgerissene Personen, wurden nun zu dem Tisch geführt, wo der Kommandant der Truppe nun die Gewehre austeilte. Pauls Herz begann zu rasen. Es konnte doch nicht sein! Das Erschießungskommando bestand aus Zuschauern und wurde so zu Komplizen des Terrorregimes. Das Gewehr lag schwer wie Blei in der Hand. Wie lange hatte er keine Waffe mehr in der Hand gehalten! Hatte er sich nicht vor vier Jahren geschworen, niemals mehr eine Waffe auf einen Menschen zur richten! Und nun dies! Verweigern. Ja, einfach das Gewehr auf den Tisch legen und gehen. Gehen. Einfach so. Sie konnten ihn doch nicht zwingen. Das konnten sie nicht.

Oder? Würden sie ihn erschießen, wenn er sich weigerte? Die anderen schauten verblüfft drein. Linkisch hielten sie die Gewehre in der Hand. Nein! Unmöglich. Ein Erschießungskommando aus unerfahrenen Schützen! Dies war keine ordentlich durchgeführte Hinrichtung. Laoubele. Sein Blick. Er schaute ihn an. Mitleidsvoll. Verständnisvoll. Laoubele, das Opfer, hatte Verständnis für Paul. Gehen. Einfach gehen. Den Gehstock nehmen und gehen. Nichts würde passieren. Das konnten sie nicht machen.

„Stehen bleiben! Oder ich schieße!"

Umdrehen. Nicht den Rücken zeigen. Sie würden in den Rücken schießen. Ja, das würden sie tun. Zurück. Das Gewehr! Kein Ausweg. Keine Hoffnung. Der Kunde. Die erste Verspätung. Zu spät. Bestimmt war die Batterie leer. Eine einfache Batterie. Die Menschenmenge. Sie tobte. Mein Gott. Der Lärm der Menschenmenge. Das war keine Hinrichtung. In Würde sterben. In Würde leise, sanft und friedlich dahinscheiden. Das Kommando. Anlegen. Das Gewehr anlegen. Ruhig. Festen Stand suchen. Die Beine. Nur nicht wackeln. Auf den Kopf zielen. Nein, besser die Brust. Doch lieber den Kopf? Erlöse ihn von den Qualen. Das Gewehr lag fest und ruhig an der Schulter. Laoubele lächelte. Er belächelte den Tod. Ruhig abziehen. Den Qualen ein sicheres, schmerzloses Ende bereiten. Das Kommando.

In das laute Echo der Schüsse, das nur langsam verhallte, mischten sich die markerschütternden Schreie angeschossener Gefangene, die nicht das Glück hatten wie Laoubele. Laoubele war tot. Sein toter Körper hing zusammengesackt, nur von den Stricken gehalten, am blutverschmierten Pfahl. Ein großes Einschussloch hatte seine Schädeldecke aufgerissen. Seine goldumrandete Brille lag neben einer blutigklebrigen Masse auf dem blutdurchtränkten Rasen. Doch die anderen lebten. Der Unbekannte links neben Laoubeles leblosen Körper war ebenfalls zusammengesackt, doch dort, wo sein Kopf, vornüber hängend, schwer auf seiner Brust lastete, klaffte eine heftig blutende Wunde. Er röchelte leise und spukte Blut. Die Schmerzensschreie des in den Bauch getroffenen Dritten waren verklungen. Er flehte um die Gnade eines menschenwürdigen Sterbens.

„Schießt doch endlich. Bitte ... bitte ... warum schießt ihr denn nicht?"

Sein Flehen um Beendigung seiner schrecklichen Qualen wurde nicht erhört. Zu laut übertönten die gellenden Schmerzensschreie des in den Unterleib getroffenen vierten Todeskandidaten das herzerschütternde Wimmern. Dunkles, dickes Blut quoll zwischen seinen Beinen hinunter, während er sich in seinen Fesseln vor Schmerzen hin und her wandte und die Stricke seine Hand- und Fußgelenke bis auf die Knochen blutig rieben.

"Schießt doch endlich", rief Paul den Soldaten zu, der die Schreie des Sterbenden nicht mehr länger ertragen konnte. Jeder hatte nur eine Patrone erhalten, so dass ein Nachladen unmöglich war. Warum luden sie denn die Gewehre nicht nach? Paul rannte zum Kommandanten, der, ungerührt von den Schreien, immer noch an seinem Tisch saß und nun den Befehl gab, eine Maschinengewehrsalve zur Abschreckung in die Luft zu schießen, denn ein großer Teil der Menschenmenge, die nicht mehr gewillt war, das grausame, menschenverachtende Spiel des Vollstreckungskomitees tatenlos hinzunehmen, hatte die Absperrung durchbrochen und rückte nun bedrohlich näher. Panik brach plötzlich aus. Unter den knatternden Maschinengewehrsalven tauchte die heranrückende Menschenschar ab und rannte wild, in alle Himmelsrichtungen fliehend, geduckt über das Spielfeld in Sicherheit. Auch Paul, der die Gunst der Stunde zur Flucht nutzte, hatte sein Gewehr weit weg geworfen und rannte, leicht humpelnd, mit dem Stock in der Hand den Soldaten davon, die ihn zum Stehen bleiben aufforderten. Doch er schaute nicht zurück. Instinktiv rannte Paul über den Rasen in die entgegengesetzte Richtung der zum Hauptausgang drängenden Menschenmasse. Er hatte den Zaun erreicht. Seinen Stock über den Zaun werfend, kletterte Paul unter großer Anstrengung an dem Metallzaun hoch. Doch bevor er am anderen Ende des Zauns wieder langsam Zaun hinunterkletterte sah Paul zu seinem Entsetzen, wie einige der in Panik geratenden Menschen auf der Flucht stolperten, zu Boden hinfielen und von der trampelnden Horde überrannt wurden, während die drei zum Tode verurteilten langsam und qualvoll verbluteten.

# 5

Der Einbruch der Dämmerung legte sich wie ein Todesschleier über die geschundene Stadt am Zusammenfluss des Chari und Logone. Eine unheilvolle Stille hatte sich über N'Djamena ausgebreitet, die immer noch unter der brütenden Hitze des Tages zu leiden hatte, denn nur langsam sank die Temperatur zu abendlicher Stunde auf ein erträgliches Maß. Das Radio, das noch Stunden zuvor über das Massaker im Stadion ausführlich berichtet hatte, war nun in der Hand der Regierungssoldaten, die das Studio überfallartig besetzt hatten. Der Reporter, der zufällig Zeuge der bestialischen Hinrichtung war, hatte mutig und konsequent in einer Sondersendung über das schreckliche Massaker im Radio berichtet. Nun war er auf der Flucht vor den Feinden der Wahrheit. Neunzehn Tote und vierunddreißig

Verletzte war das traurige Ergebnis der öffentlichen Exekution, die zu einer Panik geführte hatte. Warum die Schaulustigen alle zum Hauptausgang flüchteten, konnte Paul nicht ergründen, der nach dem Überklettern des Zauns einen Nebenausgang gefunden hatte. Sorgenvoll rührte Paul in seinem Hirsebrei, den Achta für den Abend zubereitet hatte. Quälende Gedanken nagten an seinem Gewissen, und er versuchte eine Antwort auf eine Frage zu finden, für die es keine Antwort gab - die Frage nach dem Warum? Warum wurde er unter all den Schaulustigen von den Soldaten für die schreckliche Tat ausgewählt? Warum musste er auch die Avenue Mobutu nehmen, die direkt am Stadion vorbeiführte? Die Avenue Charles de Gaulle hätte ihn genauso schnell zum Kunden geführt. Doch die Frage, die Paul die größte Sorge bereitete, war die seiner Komplizenschaft. War er ein Mörder? Hätte er nicht doch, ungeachtet der tödlichen Bedrohung des Soldaten, der ihn zum Stehen bleiben aufforderte, die Teilnahme an dem Blutbad verweigern sollen? Gezielt hatte er auf Laoubele geschossen, der ihn Sekunden vorher noch aus seltsam leuchtenden Augen angelächelt hatte. Sein Lächeln ging ihm nicht aus dem Kopf. Ein lächelnder Sterbender. Ein entspannt Sterbender. Wusste er etwa, dass er nicht lange zu leiden hatte? Hatte Halim vielleicht doch Recht, dass das Leben vorherbestimmt und somit die einfachste Erklärung für alle Ereignisse, die einem widerfahren, war? Für Halim war es ein deutliches Zeichen der Vorherbestimmung. Paul war als guter Schütze auserkoren worden, Laoubeles Leben ein schnelles, schmerzlosen Ende zu bereiten. Wenn er an die markerschütternden Schreie der angeschossenen Gefangenen dachte, die in der sengenden Mittagssonne langsam verbluteten, so wollte er Halim gerne Glauben schenken. Lustlos rührte Paul immer noch in seinem bereits erkalteten Abendessen herum. Seine Eltern saßen mit besorgten

Gesichtern auf dem Boden ihrer Hütte und beobachteten schweigsam ihren Sohn, der so viel Grausames in seinen jungen Jahren bereits erleben musste. Nach langem Zögern durchbrach Achta die Stille, die sie nicht mehr ertragen konnte. „Du hast keine Schuld daran", flüsterte sie, wohlwissend, welche Gedanken Paul den Appetit verdarben und fuhr fort, das Gewissen ihres Sohns zu beruhigen, „du hast ganz im Gegenteil einen Menschen vor den Qualen gerettet."

„Ich weiß, Mutter. Aber sein Lächeln geht mir nicht aus dem Kopf, verstehst du?"

„Vielleicht hatte er gewusst, dass du ihn retten würdest", sagte Kenem beruhigend.

„Ihn retten? Ich habe ihm mit einem Kopfschuss das Leben genommen, das kann wahrlich keine Rettung sein."

„Doch mein Sohn, du musst es so sehen. Manchmal ist der Tod die Rettung vor einem qualvollen Leben. Das erklärt sein Lächeln auf den Lippen."

„Ich weiß nicht, Mutter."

„Glaube mir. Es wird dein Gewissen beruhigen."

„Deine Mutter hat Recht", unterstützte Kenem seine Frau, der einen Schluck Milch nahm, bevor er weiterredete, „du hast, so paradox es klingen mag, eine gute Tat vollbracht."

„Tut mir leid. Ich sehe es nicht so. Ich habe einen Menschen erschossen und das ist weit entfernt von einer guten Tat."

"Quäle dein Gewissen nicht so sehr, Junge. Du wirst sehen, wenn die Zeit die Wunden verheilt hat, wirst du es ähnlich sehen", flüsterte die Mutter und streichelte liebevoll Pauls Arm, „glaube mir, du wirst irgendwann den wahren Sinn, der sich dahinter verbirgt, erkennen."

„Warum gehst du nicht für ein paar Tage nach Maidurui und besuchst Nala, um ein wenig Abstand von der schrecklichen Sache zu gewinnen? Halim wird schon alleine die Werkstatt leiten können", schlug sein Vater vor, dem das Leiden seines Sohns schrecklich mitnahm, liebte er Paul doch über alles, und er wünschte sich so sehr, die Sorgen von ihm fernhalten zu können.

„Vielleicht werde ich tatsächlich morgen oder übermorgen nach Maiduguri fahren", überlegte Paul.

Der Gedanke an Nala erhellte sein Gesicht und mit der neu gewonnenen Zuversicht aß Paul den von Achta aufgewärmten Hirsebrei mit knurrendem Magen. Der Besuch Nalas würde ihn auf neue Gedanken bringen. Je mehr er den Vorschlag seines Vaters überdachte, desto besser gefiel Paul der Gedanke, Nala in Nigeria zu besuchen. Wer sonst als seine Freundin konnte seine düsteren Gedanken vertreiben. Die Liebe, die sie ihm schenkte, gab ihm Kraft und Zuversicht in ein besseres, menschlicheres Leben, das mehr versprach als Elend, Folter und Tod. Wie konnte er es nur ohne sie aushalten? Erst jetzt, bei der Erwähnung ihres Namens, wurde ihm bewusst, dass er sie seit zwei Monaten nicht mehr gesehen hatte. Und Paul war entschlossener denn je, diesen Besuch mit einem erneuten Versuch zu verbinden, Nalas Eltern von seiner Liebe zu ihrer Tochter zu überzeugen, denn wahre Liebe versetzte Berge und wenn der Berg noch so hoch war und als unüberwindlich galt. Er würde Nala heiraten. Das war beschlossene Sache.

„Vielleicht klappt es ja doch noch einmal mit der Heirat", sagte Achta, die die Gedanken ihres Sohnes unschwer erraten hatte, „irgendwann werden Nalas Eltern ihre Ablehnung überwinden."

„Halim sagt da etwas anderes. Ein Muslimin darf niemals einen Christen heiraten. In Saudi-Arabien, sagt Halim, gibt es dafür die Todesstrafe."

„Die Todesstrafe, weil sich zwei Menschen lieben?", staunte Achta ungläubig, „mein Gott, was Menschen sich doch gegenseitig alles antun."

Kopfschüttelnd räumte sie den kleinen Tisch auf. Paul half ihr dabei. Er war froh, verständnisvolle und tolerante Eltern zu haben, die das Wohlergehen ihres Sohnes als wichtiger erachteten als das starre, dogmatische Einhalten bestimmter Prinzipien.

„Ich mag Nala", sagte Achta, „was kümmert mich ihre Religions- oder Stammeszugehörigkeit, wenn sie ein nettes Mädchen ist."

„Vielleicht siehst du das ein wenig zu unkompliziert", schränkte Paul vorsichtig ein, "du hast vielleicht vergessen, unter welchen kulturellen Bedingungen Nala aufgewachsen ist, denn sonst ...."

„Pst! Seid mal ruhig!"

Kenem hatte das intensive Gespräch zwischen Mutter und Sohn abrupt unterbrochen. Gespannt schauten sie Kenem an, der angestrengt in die Stille der Nacht hineinhorchte.

„Da war etwas! Irgendein Geräusch."

"Vielleicht die streunende Katze der Nadours."

„Unsinn. Es war etwas anderes", flüsterte sein Vater, "Paul, wirst du vielleicht gesucht?"

„Was? Ich? Warum?"

„Vielleicht, weil du dich unentschuldigt vom Stadion entfernt hast. Vielleicht suchen sie dich."

„Das kann nicht sein. Woher sollten sie meinen Namen wissen."

„Ich weiß es nicht. Von irgendjemanden."

Würde es denn niemals ein Ende dieses schrecklichen Erlebnisses geben? Die Vorstellung, von den Soldaten aufgegriffen und ohne Gerichtsverhandlung auf unbefristete Zeit eingesperrt zu werden, trieb Paul den Angstschweiß auf die Stirn. Unmöglich. Sie konnten seinen Namen und seine Anschrift nicht wissen.

„Da! Da war es wieder! Habt ihr es gehört?"

Jetzt hörten auch Achta und Paul ein seltsames Geräusch vor ihrer Hütte. Es war ein schleifendes Geräusch, als ob jemand einen schweren Sack, zu schwer, um ihn zu tragen, über dem staubigen Boden entlang zog. Da! Jetzt war es ganz nah. Mit vor Angst geweiteten Augen hörten sie das Näherkommen des schleifenden Geräusches, das in scheinbar genauen Abständen für Sekundenbruchteile unterbrochen wurde.

„Was ... was ... was machen wir nur?", flüsterte Achta.

„Sollen wir nachschauen?", fragte Paul und bewegte sich leise zur Tür hin. Doch sein Vater hielt ihn auf.

„Und wenn sie dich erschießen?"

„Wer denn?"

„Die Soldaten der Hinrichtung."

„Wenn sie mich holen wollten", flüsterte Paul, „würden sie sich wohl nicht anzuschleichen brauchen. Sie wissen, dass wir wehrlos sind."

Das Geräusch war nun ganz nah vor der Tür. Achtas Herz klopfte. Sie konnte es nicht mehr ertragen. Mit einem Satz war sie an der Tür. Achta erschrak, als der schwere, mit dem Rücken an der Tür angelehnte Körper, in das Innere ihrer Hütte hineinsackte.

„Oh mein Gott!"

Schon war Kenem herangeeilt und zog den schweren, leblosen Körper in die Hütte, nicht jedoch ohne vorher einen Blick auf die leere Straße zu werfen. Niemand schien Kenem beobachtet zu haben. Mit einem letzten Ruck zerrten Kenem und Paul die Füße des Unbekannten über die Türschwelle.

„Ist er tot?", fragte Achta besorgt, die nicht wusste, was zu tun war.

„Er atmet", sagte Paul, der sich über das Gesicht beugte. Der Mann, schätzte Paul, war höchstens dreißig oder fünfunddreißig Jahre alt. Er sah gepflegt aus, vor allem seine zarten Hände, gänzlich ohne Schwielen, waren ein deutlicher Hinweis auf eine leichte, zumindest körperlich nicht anstrengende Tätigkeit, die der Mann ausgeübt hatte. Der verstaubte und am Ärmel zerrissene Anzug verstärkte den Eindruck des gehoben, intellektuellen Mittelstandes, dem der Unbekannte angehören musste.

„Was sollen wir nur machen?", fragte Achta verzweifelt, „wir können ihn doch nicht hier in der Hütte sterben lassen."

„Er stirbt nicht. Doch er braucht einen Arzt. Siehst du die Wunde an der Schulter?

Paul hatte die Jacke des Unbekannten ausgezogen, um die Wunde zu lokalisieren, die sich an der vorderen rechten Schulter befand. Sein Hemd war von Blut durchtränkt.

„Eins Schusswunde?", fragte Kenem seinen Sohn, der sich seit seiner Zeit im Lazarett von Faya Largeau besser mit Verletzungen auskannte als sein Vater.

„Ja, es ist eine Schusswunde. Die Kugel steckt noch in der Schulter. Aber er muss ins Krankenhaus. Er hat viel Blut verloren."

Ein plötzliches Stöhnen des Unbekannten schreckte die Familie auf, die ihn vorsichtig auf eine Decke legten.

„Er ist bei Bewusstsein", sagte Achta, „ob wir ihn fragen können, wer er ist."

„Nicht jetzt", sagte Kenem mit entschlossener Stimme, „wir werden seine Wunde reinigen und verbinden. Wenn er bei vollem Bewusstsein ist, werden wir ihn nach seinem Namen fragen."

„Und wenn er von der Soldaten gesucht wird?", fragte Achta plötzlich, die bereits das Verbandsmaterial, das sie aus einem Kasten an der Wand geholt hatte, auspackte. Seit sie die Werkstatt hatten, besaß Kenem einen kleinen Erste-Hilfe-Kasten, der glücklicherweise nicht oft Anwendung gefunden hatte.

„Dann darf er nicht ins Krankenhaus. Dort würden sie ihn sofort festnehmen", flüsterte Paul, während er das Hemd des

Unbekannten mit einem Messer zerschnitt.

„Nicht ...."

"Was sagen Sie?"

Paul beugte sich tiefer zu dem verletzten Mann hinunter, der mit leiser, beinah gehauchter Stimme etwas mitzuteilen versuchte.

„Nicht .... ins ... Krankenhaus."

„Sie kommen nicht ins Krankenhaus. Das verspreche ich Ihnen, aber sie brauchen einen Arzt."

Ein plötzlicher Hustenreiz schüttelte seinen Oberkörper, während der Verletzte mit großer Anstrengung auf die Jacke zeigte.

„Sie wollen die Jacke haben?"

Er nickte mit dem Kopf. Kenem, der Paul während dieser Zeit beobachtet hatte, ergriff die auf dem Boden liegende Jacke und fummelte in den Taschen herum. Irgendetwas wollte der Mann ihnen doch zeigen. Ein blaues, abgegriffenes Notizbuch fischte Kenem aus der Innenseite der Anzugjacke heraus.

„Suchen Sie das hier?"

Zu schwach zu reden, beschränkte der Mann sich auf ein erneutes Kopfnicken.

„Dr. .... Kalo ... Kaloboune", flüsterte er gepresst und legte seinen Kopf seitlich auf den Boden.

„Geh, Paul, hol ein Kissen, wo der arme Mann seinen Kopf darauf ruhen kann", sagte Achta, die nun ihre Fassung wiedergewonnen hatte und mit der Säuberung der Wunde begann. Kenem blätterte in dem Anhang des abgegriffenen Notizbuchs herum. Irgendwo musste der Name verzeichnet sein. Es war nicht leicht, den Namen des Doktors unter der großen, teilweise gekritzelten Namensliste zu finden, die auch nicht alphabetisch geordnet war. Sein Zeigefinger strich langsam von oben nach unten auf jeder Seite der Namensliste.

Auf der fünften Seite wurde Kenem fündig. Dr. Kaloboune.

„Der Arzt lebt in Gulumba Gana in Nigeria, einige Kilometer hinter der Grenze", flüsterte Kenem bedeutungsvoll, „jetzt verstehe ich, warum der Mann zu diesem Arzt will."

„Aber wer ist dieser Mann?" fragte Paul, der nun ein Kissen unter den Kopf des Fremden lag, „vielleicht gibt das Notizbuch Aufschluss über seine Herkunft."

„Mhm, mal sehen", murmelte Kenem und blätterte an den Anfang des Notizblocks.

„Aha, da haben wir's. Er heißt Nassour Laidou. Die Anschrift steht hier ebenfalls."

„Laidou ... Laidou ... ich hab's ... es ist beim Rundfunk. Es gibt da eine Rundfunksendung, die er selber moderiert", sagte Paul aufgeregt.

„Meinst du?"

„Ja, ja, es ist der Reporter. Und weißt du, was ich glaube? Er ist der Reporter, der über das Massaker im Stadion berichtet hat."

„Verdammt. Dann werden die Soldaten ihn suchen!", sagte seine Mutter, die nun die Wunde notdürftig verband, „er muss sofort weg!"

„Sofort?", fragte Kenem ungläubig.

„Sie wissen, dass er verwundet ist, und sie wissen auch, wo sie ihn verwundet haben. Also werden sie ihn hier ganz in der Nähe suchen."

Kenem staunte über Achtas Scharfsinn, aber schließlich hatte er ja eine clevere und resolute Frau geheiratet, dachte Kenem stolz und überlegte fieberhaft nach einer Möglichkeit, den Reporter sicher nach Gulumba Gana zu bringen.

„Wir nehmen den Einbaum der Nadours und bringen ihn zur Grenze. Dort soll Halim ihn abholen, der mit seinem Jeep vorfahren soll", schlug Paul aufgeregt vor, der nicht mehr warten konnte, Halim die Neuigkeit zu erzählen.

131

„Aber wir können die Nachbarn doch nicht um diese Uhrzeit bitten, uns den Einbaum auszuleihen. Unmöglich", gab Kenem zu verstehen.

„Wir nehmen es uns einfach und bringen es morgen wieder zurück."

„Paul hat Recht. Wir leihen ihn uns einfach aus", unterstützte Achta ihren Sohn, „also los, Paul. Setz dich in dein Auto und fahr zu Halim. Er soll am gegenüberliegenden Ufer des Chari auf dich warten. Du wirst diesen Mann übersetzen", sagte Achta mit kühlem Kopf.

„Und wenn sie in der Zwischenzeit unser Viertel durchstöbern und ihn hier finden? Was dann?"

Kenems Frage war berechtigt, zumal niemand wusste, wie lange sich Nassour Laidou schon durch die Straßen geschleppt hatte. Doch wo sollten sie ihn verstecken? Verwirrt schauten die N'Dabes in der Hütte umher, doch es war gänzlich unmöglich, den verwundeten Reporter hier zu verstecken. Guter Rat war teuer. Angestrengt dachte Paul nach, seinen Zeigefinger und Daumen, wie immer, wenn er scharf überlegte, zwischen seiner Nase hin- und her reibend.

„Ganz einfach. Wir legen ihn unter den Einbaum. Niemand wird ihn dort vermuten."

Kenem trug mit seinem Sohn den Verwundeten Reporter unter größter Anstrengung zum Auto. Kenem und Paul schwitzten fürchterlich unter der Last des leblosen Körpers und schoben ihn ächzend und stöhnend auf den Rücksitz, wo der Reporter langsam zur Seite rutschte. Die Wunde hatte wieder zu bluten begonnen. Hoffentlich hatte niemand ihr Keuchen gehört. Schnell stiegen sie in ihr kleines Auto und fuhren langsam zum Ufer des Chari, wo der Einbaum auf sie wartete.

*

Niemand hatte sie gesehen. Laidou lag sicher unter dem Einbaum, dessen Steuerbordseite sie mit zwei kurzen Pfählen etwas hochgestellt hatten, um ihm etwas Luft zum Atmen zu verschaffen. Verschwitzt waren sie zur Hütte zurückgekommen, wo schon die Soldaten mit Taschenlampen auf sie warteten und die Hütte zum zweiten Mal durchstöberten. Ein furchtbarer Gedanke stieg in Paul auf. Das Blut auf dem Boden der Hütte! Es mussten doch noch blutige Stofffetzen überall herumliegen! Sie waren erledigt. Sie würden sie finden. Was sollten sie den Soldaten sagen? Es war aus. Vorbei. Nie mehr würde Paul in ein Gefängnis gehen. Er würde versuchen zu fliehen. Ein Soldat hatte ihr Herannahen frühzeitig bemerkt. Der gebündelte Lichtstrahl seiner Taschenlampe blendete Pauls Augen.

„Halt! Stehen bleiben!"

„Das sind mein Mann und mein Sohn, die von der Arbeit kommen", sagte Achta geistesgegenwärtig und kam aus der Hütte herausgerannt.

„Von der Arbeit? So spät?", fragte der Soldat skeptisch und musterte die Gesichter im Lichtschein seiner Lampe.

„Es muss eine ziemlich anstrengende Arbeit gewesen sein. Ihr schwitzt ja wie die Schweine", äußerte der Soldat, während er Kenem, der verlegen auf den Boden blickte, mit seinem festen Blick aus der Fassung zu bringen versuchte.

„Also, woher kommt ihr?"

„Wir kommen aus der Werkstatt meines Vaters".

Paul hatte seinen Kopf gehoben, um dem Soldaten geradeaus zu antworten.

„Eine Werkstatt! So, so, was denn für eine Werkstatt."

„Ja eben eine Werkstatt! Für Autos!", sagte Paul mit einem Ton der Brüskierung. Kenem schaute Paul kurz an und berührte seinen Arm, um ihn vor weiteren emotionalen Ausbrüchen zu warnen. Es war zu gefährlich, einen Soldaten der Regierung zu reizen. Der Soldat, sich der leichten Provokation bewusst, trat näher an Paul heran.

„Wir können die Fragen auch woanders fortsetzten."

„Mein Sohn ist noch jung und manchmal ein wenig vorlaut, das werden Sie doch verstehen", versuchte Kenem verzweifelt die gefährliche Situation zu entschärfen. Kenem schaute zur Hütte hinüber, wo die Soldaten mit ihren Taschenlampen die Umgebung inspizierten. Gleich würde es geschehen. Sie würden das Blut entdecken und eine Menge unangenehmer Fragen stellen. Kenem zwang sich zur Ruhe und vermied weitere Blicke in Richtung der Hütte.

„Warum haben Sie so spät noch Autos repariert?"

„Unser Mitarbeiter hatte es nicht mehr geschafft, und der Wagen muss morgen fertig werden. Ein ganz einfacher Grund", erklärte Paul.

Der laute Ruf eines Soldaten, der aus der Hütte hinaustrat, bewahrte Kenem und Paul vor weiteren Fragen des Soldaten, der sich nun der Richtung zuwendete, aus der der Ruf gekommen war. Der Augenblick der Entscheidung war gekommen. Er würde sich nicht ohne Weiteres festnehmen lassen. Er würde versuchen, den Chari schwimmend zu durchqueren, um nach Kamerun zu fliehen. Doch konnte er das Schicksal seiner Eltern einfach den Soldaten überlassen? Seine Nerven und Muskeln waren zum Zerreißen angespannt. Der Soldat wendete sich endgültig von den beiden ab und lief langsam in Richtung seines Kameraden, der mit einer Handbewegung den Trupp bereits zum Aufbrechen aufforderte hatte. War es möglich? Zogen sie wirklich weiter, anstatt sie zu verhaften? Aber wieso? Hatte Achta noch Zeit gehabt, die verräterischen Spuren zu verwischen? Erst jetzt wurde Paul bewusst, dass sie den Grund für ihren unangemeldeten Besuch nicht angegeben hatten. Vielleicht waren sie gar nicht wegen dem Reporter hier, sondern suchten jemand ganz anderen? Der Soldat kam nicht mehr zurück. Zusammen mit seinen Gefolgsleuten war er in der Dunkelheit der Nacht untergetaucht. Mit einem Gefühl der Erleichterung betraten sie die Hütte, um den zweiten Teil ihres Plans durchzuführen

Nun musste alles sehr schnell gehen. Obwohl das Suchkommando noch in der näheren Umgebung ihres Viertels herumstöberte, hatte Paul bereits den Wagen genommen, um Halim über die geheime Mission in Kenntnis zu setzten. Seine Hilfe war unbedingt für das Gelingen der Rettungsaktion vonnöten. Verrückt, dachte Paul, als er durch das nächtliche N'Djamena fuhr, seine Mutter hatte in der Tat die Spuren verwischt, indem sie, als sie die Soldaten die Straßen entlang kommen sah, ein Huhn aus dem Nachbargehege in der Hütte entwendet und geschlachtet hatte und das Blut somit auf den ersten Blick nicht mehr vom Hühnerblut zu unterscheiden war. Was sollte noch geschehen, das den Diebstahl bzw. die zeitweise Entleihung von Eigentum des Nachbarn rechtfertigte? Mit überhöhter Geschwindigkeit fuhr Paul die Avenue Nimeiry entlang. Eine Polizeisperre hatte ihn am Rond-Point de l'Union für einen unendlich lange Zeit aufgehalten. Wieder die gleichen Fragen. Er musste ruhig bleiben, durfte sie nicht zu einer unbedachten Handlung herausfordern. Obwohl Paul den starken Wunsch verspürt hatte, den Anlass für diese Kontrollen in Erfahrung zu bringen, hatte er sich dennoch nicht zu fragen getraut, um nicht unnötigerweise die Aufmerksamkeit auf ihn zu lenken. Und so fuhr er weiter mit dem Bewusstsein, in einer Stadt zu leben, die sich zu einem einzigen, großangelegten Militärlager zu entwickeln schien.

„Hast du das Militär gesehen!", hatte Halim Paul an der Tür empfangen, „irgendetwas Verrücktes ist im Gange. Aber warum bist du um diese Zeit hier?"

Halim Sayed schaute Paul irritiert an, doch dann erhellte sich sein Gesicht, weil er den Grund seines Freundes plötzlich zu glauben wusste. Er grinste Paul erwartungsvoll an.

„Sag bloß, das hat was mit euch zu tun?"

„Was meinst du damit?"

„Oh, komm Paul, jetzt tu nicht so", sagte Halim, der ein Abenteuer witterte.

„Nun, du hast Recht", gestand Paul mit gespielter Verzögerung, „kennst du einen Nassour Laidou?"

„Du meinst den Reporter?"

„Mhm."

„Ja, nun erzähl schon und lass dir nicht alles aus der Nase ziehen!"

Endlich berichtete Paul über die fürchterlichen Ereignisse der letzten Stunden, die mit so viel Angst verbunden waren.

\*

Derweil saß Kenem am Ufer des Chari und wartete ungeduldig auf seinen Sohn. Ab und zu schaute Kenem hoch hinauf in den sternenklaren Himmel, und er wünschte sich in diesen Augenblicken, den irdischen Sorgen davonfliegen zu können, doch das schmerzvolle Stöhnen Nassour Laidous brachte Kenem schnell zurück auf den Boden der leidvollen Realität. Er stand auf und lief zu dem Verletzten hinüber, der immer noch im Schutz des seitlich angehobenen Einbaums auf dem Rücken lag und leise stöhnte. Kenem beugte sich zu dem Reporter hinunter.

„Ich würde ihnen ja gerne helfen, aber ich bin kein Arzt. Ich weiß nicht, was ich machen soll."

„Nicht ...ins...Krankenhaus", stöhnte der Mann, der das Bewusstsein wiedergewonnen hatte und Kenem flehentlich anschaute.

„Nein, nein. Sie kommen nicht ins Krankenhaus."

„Dr. ... Kaloboune ... in Ni...Nigeria."

„Da bringen wir Sie hin. Das ist versprochen. Hören Sie?"

Der Reporter hatte Kenem verstanden. Dankbar schaute er ihm in die Augen und legte seine Hand auf Kenems Arm.

„Danke ...vielen Dank."

„Haben Sie Durst?"

„Mhm."

„Warten Sie, ich hole meine Wasserflasche."

Kenem erhob sich von dem Verwundeten und brachte ihm die Feldflasche, die Kenem während seiner Arbeit in der Werkstatt immer bei sich geführt hatte. Er beugte sich hinunter, stützte Laidous Hinterkopf ein wenig mit der rechten Hand und führte mit der Linken die Wasserflasche, die Laidou gierig mit beiden Händen ergriff, zu seinem Mund.

„Langsam, nicht so hastig."

Das Wasser schwappte an den Rändern der Feldflasche auf das zerrissene Hemd Laidous. Aus den Mundwinkeln lief ein kleines Rinnsal an seinem Hals hinunter.

„Nicht so viel. Es ist genug."

„Danke ... danke ... mein Name ist Nassour Lai ... Laidou", flüsterte er mit gequälter Stimme, " ich ... ich ...."

„Schon gut", sagte Kenem sanft. Der Mann tat ihm leid.

„Schonen Sie sich. Ich weiß, wer Sie sind   Sie sind Rundfunkreporter, nicht wahr?"

„Mhm."

„Mein Sohn war bei der Hinrichtung dabei. Sie hatten ihn

einfach aus der Menge der Schaulustigen herausgeholt, um ihn für das Erschießungskommando aufzustellen. Mein Sohn macht sich schwere Vorwürfe. Er musste einen Mann erschießen."

„Ich ... habe ... es gesehen."

Ermüdet von der Anstrengung schloss Nassour Laidou seine Augen. Wo denn nur Paul blieb? Kenem setzte sich neben Laidou. Nervös schaute Kenem auf seine Armbanduhr. Die Patrouille musste noch immer in der Gegend sein und sie würde zum Ufer des Chari kommen, nachdem sie jedes Haus des Viertels durchsucht hatten. Sie mussten sich beeilen oder alles war verloren. Das brummende Geräusch eines sich langsam nähernden Autos riss Kenem aus seinen Gedanken heraus. Konzentriert hörte Kenem in die Dunkelheit hinein. Es war ein vertrautes, klapperndes Geräusch. Endlich. Kenem stand auf, packte die Feldflasche in den kleinen, ledernen Rucksack und holte das Stechpaddel unter dem Einbaum hervor.

„Monsieur, mein Sohn ist angekommen", flüsterte Kenem und stieß den Oberarm des verletzten Reporters an, der versuchte, selbstständig unter dem Boot hervorzukriechen, doch ein stechender Schmerz in seiner Schulter ließ ihn kurz aufschreien.

„Pst! Paul wird Ihnen gleich helfen. Bleiben Sie liegen."

Kenem ermahnte Laidou zur Ruhe. Jedes unnötige Geräusch könnte die Aufmerksamkeit der Regierungssoldaten auf sie lenken. Mit ausgeschaltetem Abblendlicht rollte Pauls Renault langsam zum vereinbarten Treffpunkt.

„Ist alles in Ordnung Vater?"

„Ja, aber du musst dich beeilen. Die Soldaten werden sicherlich bald die Gegend hier absuchen. Also komm!"

Paul sah seinen Vater kurz an. Noch immer konnte Paul die Wandlung seines Vaters nicht so recht verstehen. Noch vor einigen Jahren hätte Kenem niemals eine geheime Rettungsaktion geduldet, geschweige aktiv daran teilgenommen, da er sich aus allen politischen Aktivitäten herausgehalten hatte. Paul erinnerte sich noch lebhaft an die Worte seines Vaters, als wäre es gestern gewesen. Umso mehr wuchs nun nicht nur der Respekt für seinen Vater sondern auch seine Liebe zu einen Menschen, der sich für einen anderen Menschen in Not einsetzte. In diesem Augenblick wusste Paul, dass er seinen Vater liebte und dass er ihn immer geliebt hatte.

„Was ist, Paul? Soll ich das Boot alleine zu Wasser lassen?"

Kenem schaute Paul an. Auch Kenem verspürte die ungeheure Kraft der engen Vater-Sohn-Beziehung, die er in diesem Augenblick der Gefahr am intensivsten empfand, und er war stolz auf seinen Sohn, der ihn niemals enttäuscht hatte.

Gemeinsam schoben sie den Einbaum in das Wasser und trugen Laidou, der mit zusammengebissenen Zähnen den Schmerz zu ertragen versuchte, zum Boot, das nun seicht im Wasser dümpelte.

„Wartet Halim auf dich?"

„Ja, Vater, alles ist in Ordnung."

„Sei vorsichtig, mein Sohn."

„Es wird schon nichts geschehen. Das Gute wird siegen."

„Achte auf die Strömung."

„Aber schau doch, der Chari führt zu dieser Jahreszeit nicht viel Wasser."

„Trotzdem. Lass dich nicht von den Grenzkontrollen in Kamerun erwischen. Sie werden dich zurückschicken und unseren Behörden ausliefern."

„Alles wird gut gehen. Glaub mir."

„Mach's gut, mein Sohn."

Kenem umarmte seinen Sohn noch einmal, bevor Paul das Boot mit dem Stechpaddel vom Ufer abstieß. Laidou lag ausgestreckt, mit dem Kopfende zum Bug, unterhalb der Bordkante des Bootes. Von außen war sein Köper nicht zu erkennen. In der

Mitte des Einbaums stehend, das Boot mit seinem Körper ausbalancierend, tauchte Paul das Stechpaddel abwechselnd an der Steuerbord- und Backbordseite in das trübe Wasser des Charis ein. Sein Großvater hatte ihn in diese Kunst der Fortbewegung vor langer Zeit eingewiesen, und er hatte es nicht verlernt. Sicher beherrschte Paul den schmalen Einbaum, der sich immer weiter vom Ufer entfernte. Noch einmal schaute Paul zurück und sah seinen Vater zu ihm herüberwinkend. Und während Paul den Abschiedsgruß erwiderte, sah er plötzlich die vielen kleinen Lichtpunkte, die aufgeregt hin und her wippten. Schnell bewegten sie sich auf Kenem zu, der sie noch nicht bemerkt hatte. Verzweifelt stieß Paul einen Warnruf aus, doch sein Vater winkte immer noch zu ihm herüber. Hastig versuchte Paul das Boot zu wenden. Er musste zurück, seinen Vater warnen. Er konnte ihn doch nicht in das offene Messer laufen lassen. Laidou schrie vor Schmerzen auf, als seine Schulter die Bootswand berührte.

„Was ... was machst du?"

„Mein Vater. Sie holen meinen Vater. Ich muss zurück ans Ufer."

„Willst du uns alle ins Gefängnis bringen?", fragte Laidou mit gepresster Stimme, „dein Vater hat alles riskiert. Er ist nicht mehr zu retten."

„Nein!"

Wütend stach Paul den langen Holzstab in das Wasser und schob das Boot, wenn der Stab den Grund des Flusses erreicht hatte, schnell nach vorne.

„Ich muss ihm helfen!"

„Meinst du, dein Vater will, dass du ins Gefängnis kommst?"

„Verdammt. Sie haben ihn! Sie haben ihn festgenommen. Mein Gott! Sie schlagen meinen Vater! Sie treten ihn mit Füßen!"

Paul hatte das Boot angehalten. Er verspürte den Wunsch zum Ufer hinüberzurufen, doch seine Stimme versagte. Hilflos musste er aus weiter Ferne mit ansehen, wie die Regierungssoldaten, nachdem sie seinen Vater mehrere Male geschlagen hatten, seine Hände hinter dem Rücken mit einem Strick fesselten und ihn anschließend vor den Soldaten hertrieben. Langsam entfernten sie sich vom Ufer. Wie gelähmt saß Paul zusammengekauert im Boot und wischte sich mit zittriger Hand die Tränen aus seinem Gesicht. Was sie wohl mit ihm machen würden, dachte Paul, und er schaute zurück zum Ufer, zu der Stelle, wo Kenem ihm zugewinkt hatte. In düsteren Gedanken versunken, zu jeglicher Handlung unfähig, trieb das Boot langsam flussabwärts. Schon tauchte in der Ferne die dunkle Silhouette des Regierungsgebäudes auf, deren Schatten drohend über das Ufer hinaus auf den Fluss ragte und das Boot in wenigen Minuten verschlingen würde. Vor Schmerz stöhnte Laidou auf, als er sich auf die Seite legen wollte, um es sich bequemer zu machen.

„Sind wir ... gleich ...gleich da?", fragte Laidou halbbenommen, der das gleichmäßige Plätschern des eintauschenden Stechpaddels plötzlich vermisst hatte.

„Mhm?"

"Sind ...wir bald am Ufer?"

Ein Schreck durchfuhr Pauls Glieder, als er das düstere Gebäude des Regierungspalastes vor ihm am Ufer auftauchen sah. Hastig stand er auf, nahm sein Holzstab in die Hand und wendete das Boot in die entgegengesetzte Richtung. Wie lange musste er wohl so reglos dagesessen haben? Nicht auszudenken, was geschehen würde, wenn die Soldaten Paul und Laidou auf der Flucht entdeckten. Weiter. Er musste weiter. Er durfte sich nicht der Trübsal hingeben. Er hatte eine Mission zu erfüllen. Würde sie nicht gelingen, war alles umsonst. Halim wartete sicherlich schon an der vereinbarten Stelle. Paul konnte ihn nicht im Stich lassen. Es würde schon einen Ausweg für seinen Vater geben.

Mit neuem Mut stach Paul den langen Holzstab in das Wasser und ließ ihn beim Auftauchen flink nach oben durch die Hände gleiten, um ihn mit neuem Schwung auf den Grund des Flusses zu stoßen. Mit doppelter Geschwindigkeit glitt das Boot nun flussaufwärts. Niemand hatte sie gesehen, als Paul nach einer Dreiviertelstunde den vereinbarten Treffpunkt erreichte. Halim stand bereits am Ufer, um das Boot in Empfang zu nehmen.

„Was hat dich so lange aufgehalten? Ich wollte schon zurückfahren", sagte Halim leise, während er das Boot ans Ufer zog.

„Sie haben meinen Vater."

„Was!"

Mit vor Schreck geweiteten Augen hörte Halim ungläubig zu, wie Paul mit zittriger Stimme über die Verhaftung seines Vaters berichtete.

„Ein so guter Mensch wie Kenem. Was wirst du nun machen, Paul?"

„Ich muss zurück. Ich muss sehen, ob sie wenigstens meine Mutter in Frieden gelassen haben."

„Aber du kannst nicht zurück. Sie werden auf dich warten."

„Ich muss zurück."

„Und Nala? Du wolltest sie doch besuchen."

„Maiduguri ist doch nicht so weit weg von Gulumba Gana. Könntest du nicht Nala aufsuchen und sie über den Vorfall informieren?"

Halim schaute seinen Freund mitleidsvoll an. Er würde alles, was im Bereich der Möglichkeit war, für seinen Freund tun. Dazu fühlte er sich einfach verpflichtet.

„Komm, lass uns den armen Kerl hier zum Wagen tragen, bevor die Grenzposten uns erwischen. Ich werde ihn bei dem Arzt abliefern, und dann statte ich deiner Freundin einen Besuch ab. Hier, fang!"

Halim hatte Paul seine Wohnungsschlüssel zugeworfen.

„Du kannst bei mir untertauchen, bis wir etwas für dich gefunden haben."

Paul schaute seinen Freund kopfschüttelnd an.

„Das ist zu gefährlich, Halim. Du hast schon einmal mal Leben gerettet. Wenn sie mich dort finden, bist du auch erledigt."

„Keine Widerrede. Sie würden dich nicht im arabischen Viertel vermuten."

Paul schaute skeptisch auf die Wohnungsschlüssel, die er in seiner rechten Hand hielt. Erst nach langem Zögern sagte Paul zu, aber nur unter der Bedingung, dass er innerhalb der nächsten Tage einen neuen Unterschlupf finden würde. Gemeinsam trugen sie Laidou zum Jeep hinüber, der dringend ärztliche Hilfe benötigte, andernfalls, so schätzte Halim die Situation ein, würde er bald verbluten. Ein letzter Abschiedsgruß, und Halim fuhr los, während Paul vom Ufer ablegte, um seine Heimreise anzutreten.

Die Morgendämmerung hatte schon eingesetzt, als Paul nach einer ereignislosen Fahrt über den Fluss sich vorsichtig der Hütte näherte. Das Blut im Boot hatte Paul sorgfältig abgewischt, so dass kein Verdacht auf die Nadours fallen konnte, falls die Soldaten das Boot finden und untersuchen würden. Langsam, sich stets umschauend, schlich Paul zum Eingang der Hütte und öffnete leise die Tür.

„Mutter? Ich bin zurück", kündigte Paul seine Rückkehr an, doch eine Totenstille hatte sich in der Hütte breitgemacht und wirkte so bedrückend auf Paul wie die unheilvolle Ruhe vor einem heftigen, zerstörerischen Regensturm.

„Mutter?"

Nachdem Paul sämtliche Räume durchsucht hatte, wusste er, dass Achtas Abwesenheit nichts Gutes bedeutete. Fürchterliches schwante Paul, als er unschlüssig im Raum stand und nicht wusste, was zu tun war. Plötzlich zuckte Paul vor Schreck zusammen. Voller Panik ließ er sich auf den Boden fallen und robbte seitlich zum Fenster, um sehen zu können, wer an der Tür geklopft hatte. Wieder klopfte es an der Tür.

„Paul! Paul, mach bitte auf."

Es waren nur die Nachbarn, die besorgt dreinschauten. Vielleicht wussten sie, wo Achta war. Langsam stand Paul vom Boden auf, glättete seine Hosenbeine und öffnete einen Spalt breit die Tür.

„Paul, lass uns rein."

Vorsichtig umschauend, ob dies nicht vielleicht doch eine Falle war, öffnete Paul die Tür und schloss sie rasch, nachdem die Nadours durch den Türspalt schnell hindurchgeschlüpft waren.

„Es tut mir leid, dass ich so misstrauisch bin, aber ...."

„Paul, sie haben deine Mutter auch abgeholt", unterbrach Monsieur Nadour Pauls einführende Worte.

„Nein! Nicht sie! Sie hat doch wirklich nichts damit zu tun."

„Wir haben gesehen, wie die Soldaten deinen Vater abgeführt haben; deinen Vater, der doch wirklich niemanden etwas zuleide tun konnte. Es war schrecklich. Kenem schaute so verzweifelt drein, als ahnte er, was ihm nun bevorstehen würde."

„Ihr meint .... die Folter?"

Betreten schauten die Nadours zu Boden.

„Und Achta? Sie auch? Hat man sie auch verhaftet?"

„Darum sind wir hier, Paul. Du musst fort. Sie werden wiederkommen. Sie suchen dich. Sie stellten uns eine Menge Fragen, aber wir haben ihnen nicht gesagt, dass du unser Boot genommen und ein Huhn von uns entliehen hast."

„Woher wussten sie aber, dass Kenem am Ufer des Chari war?"

„Sie suchen doch immer das Ufer ab. Reine Routine. Sie hatten Kenem irgendjemanden im Boot zuwinken sehen und folgerten

144

daraus, dass du in dem Boot sein müsstest."

Seine Frau schaute ihren Mann betreten an. Paul erkannte die Situation sofort und stürzte sich auf Monsieur Nadour.

„Ihr habt es den Soldaten verraten! Woher wusstet ihr, dass er mir zugewinkt hatte? Woher?"

„Die Soldaten ... die Soldaten", würgte Nadour, der sich von dem harten Griff Pauls nicht befreien konnte, „die Soldaten haben es mir gesagt, als sie bei uns waren."

„Das ist doch eine Lüge!"

„Er hat Recht", schrie Nadours Frau und stürzte sich auf Paul, um ihrem Mann zu helfen.

„Warum habt ihr Kenem verraten? Warum?"

„Sollen wir auch ins Gefängnis, ja? Ich habe gehört, was sie mit den Gefangenen im Präsidentenpalast machen. Sie haben gewusst, dass wir ein Boot haben. Sie drohten uns mitzunehmen, hörst du? Was hätte ich denn tun sollen?"

„Wir durften auch nicht mit dir Kontakt aufnehmen, aber wir mussten dich sprechen, um dich zu warnen", sagte Madame Nadour, die sich nun auf den Boden setzte und schluchzte, „was hätten wir denn tun sollen? Wir hatten einfach schreckliche Angst."

Erschöpft von seinem Wutanfall, ließ er von Nadour ab, der kraftlos zu Boden fiel, und trat einen Schritt zurück. Seine Nase zwischen Daumen und Zeigefinger reibend, dachte Paul, angestrengt auf den Boden schauend, über eine Idee nach, die ihm gerade in den Sinn gekommen war.

„Und wenn ich einfach hingehe und sage, dass mein Vater und ich nachts fischen waren?"

„Du kannst es versuchen, aber sie haben eine Menge Blut unten am Ufer gefunden. Sie werden dich fragen, von wem das Blut ist?"

„Verdammt. Das Blut. Daran habe ich nicht gedacht."

„Du musst weg, Paul. Sie werden wiederkommen."

Paul blickte zu seinen Nachbarn hinüber. Es tat ihm plötzlich leid, Nadour angegriffen zu haben.

„Verzeiht mir meinen Wutanfall. Ich kann euch verstehen. Auch ich habe Angst vor der Folter. Mein Gott, ich wage nicht daran zu denken, was sie meinen Eltern antun werden. Soll ich mich stellen?"

„Bist du verrückt. Dein Vater wäre dagegen. Einer muss doch überleben. Ziehe mit Nala fort und gründe eine Familie."

„Aber wenn ich ihnen doch die Qualen ersparen könnte!" „Die Folterknechte foltern auch ohne Grund, weil es ihnen Spaß macht, Herr über den Menschen zu sein. Sie wollen ein Geständnis und sie bekommen es, denn irgendwann gestehst du alles, nur um die Qualen endlich zu beenden. Doch dann bringen sie dich um und werfen dich in den Fluss. So gibt es keine Zeugen", sagte Monsieur Nadour und schaute Paul traurig an.

„Bitte geht jetzt. Ich möchte nicht, dass ihr mit mir gesehen werdet."

Schwerfällig erhoben sich die Nadours vom Boden und umarmten Paul ein letztes Mal, bevor sie sich heimlich aus der Hütte schlichen. Rasch packte Paul die notwendigsten Sachen zusammen und verließ auf leisen Sohlen, ein letzten Blick in die Hütte werfend, die so lange sein Zuhause war, den Ort seiner Kindheit und Jugend.

# 6

Mit verbundenen Händen saß Kenem auf einem Holzstuhl im tiefen Keller eines Seitentrakts des Militärcamps in N'Djamena. Kenem hatte sich in den drei Wochen seiner Gefangenschaft äußerlich verändert. Er hatte aufgrund der schlechten und unregelmäßigen Ernährung einen hohen Gewichtsverlust erlitten. Sein Gesicht war von den Schlägen seiner Peiniger gekennzeichnet. An einigen Stellen war seine Haut aufgerissen, doch die katastrophalen hygienischen Bedingungen im Gefängnis verhinderten eine schnelle Heilung der offenen Gesichtswunden, die nicht medizinisch behandelt wurden. Seit drei Wochen hatten sie Kenem bis zur Bewusstlosigkeit gefoltert, doch bisher hatte Kenem seinen Sohn und Nassour Laidou nicht verraten. Die Hoffnung allerdings, lebend aus dem Gefängnis zu kommen, hatte Kenem aufgegeben. Es waren nicht nur die unmenschlichen Qualen, die seine Hoffnung auf ein wenig Menschlichkeit sterben ließen, viel mehr waren die heimlichen Exekutionen der Grund, warum Kenem mit seinem Leben abgeschlossen hatte. Des Öfteren waren die Wächter der Hölle nachts in die Zellen eingedrungen, um Gefangene umzuquartieren, wie sie es nannten, doch die Inhaftierten tauchten nicht mehr auf. Sie verschwanden unter mysteriösen Umständen. Zumeist waren es politische Gefangene, und die Tatsache, dass Kenem die Zelle mit Regimegegnern teilen musste, stimmte ihn nicht nur nachdenklich, sondern erfüllte ihn mit einer Sterbensangst, irgendwann heimlich erschossen zu werden.

Wenn er in seiner Zelle lag und aus der Bewusstlosigkeit erwachte, zogen Bilder einer glücklichen Zeit an ihm vorbei. Er zog sich zurück in seine Erinnerungen, die ihm nicht nur halfen, sein Leben als etwas Wunderbares zu verstehen, sondern sie bereiteten Kenem auch auf seinen Tod vor, den er hier, Kenem war sich sicher, erleiden würde. Er erinnerte sich an jenen Augenblick, als er im kleinen Dorf Onoko seine spätere Frau kennenlernte, die mit auffälligem Interesse an den Fischerbooten, wo die Fischer, in den Booten sitzend, die Netze flickten, mit ihrer Freundin vorbeigelaufen war. An jenem Tag hatte Kenem all seinen Mut aufgebracht und sie zu einer Bootsfahrt eingeladen, die Achta erst nach einigem Zögern - Kenem war schon bereit aufzugeben - angenommen hatte. Es war die herrlichste Bootsfahrt in seinem Leben. Er erinnerte sich an die Geburt Pauls und wie aufgeregt er damals war. Liebevoll hatte er Achtas schweißnasse Stirn geküsst, als die Geburt vollzogen war. Er war so stolz gewesen, seinen Sohn in den Armen halten zu dürfen. Henri Rioual und seine Familie drängten sich in seine Erinnerungen. Welches unglaubliche Glück hatte er an jenem Tag gehabt, als er ihren Sohn Pierre vor dem Ertrinken rettete, dass Kenems Leben von Grund auf veränderte. Die Werkstatt war sein Heiligtum. Und seltsamerweise war seine Werkstatt während der kriegerischen Auseinandersetzung zwischen den rivalisierenden Gruppen niemals ernsthaft beschädigt worden. Wann immer Kenem mit seiner Familie aus N'Djamena floh, um den schlimmsten Kämpfen um die Hauptstadt zu entgehen, kamen sie mit den schlimmsten Befürchtungen zurück, doch sie fanden die Werkstatt stets ohne größere Schäden vor. Kenem erinnerte sich, wie erschrocken er war, weil er dachte, sein Sohn wäre mit Beinprothesen aus dem Krieg zurückgekommen. Wie erleichtert hatte Kenem die Nachricht entgegengenommen, dass es nur ein Bruch beider Beine war, die die Krücken erforderlich machten. Nein, Paul würde er nicht verraten. Die Erinnerungen waren das einzige, was ihm in dieser schweren Zeit der Inhaftierung geblieben war. Keiner konnte sie ihm wegnehmen. Und so lag er auf der Pritsche und schaute traurig und verzweifelt aus dem kleinen, sonnendurchfluteten Fenster in die Freiheit hinaus.

Kenem wusste nicht, wie spät es war, als der breitschultrige Soldat, der vor ihm stand, wiederholt mit einem schweren Kabel auf ihn einschlug. Kenem schrie auf bei jedem

Schlag, der seinen Körper traf. Noch schlugen sie nicht in den Genitalbereich. Und während Kenem die Schläge entgegennahm, sah er ängstlich eine Dose Pfeffer auf dem Tisch der Folterkammer stehen. Er wusste, dass sie immer neue Methoden der Qualen anwenden würden, um ihm zum Geständnis zu zwingen.

„Jetzt sagen Sie doch endlich die Wahrheit, Mann! Ihr Sohn hat das Boot benutzt und Nassour Laidou war in dem Boot, den ihr Sohn zur Flucht verholfen hat."

Für sein eisernes Schweigen erhielt Kenem zwei Schläge des schweren Kabels auf seinen Kopf. Das Blut spritzte auf die saubere, frisch gestärkte Uniform des breitschultrigen Peinigers, der nun, wütend über die Verschmutzung, härter auf den Kopf einschlug, der unter der Wucht der Schläge hin und her schleuderte.

„Sagen Sie es endlich, und sie können gehen."

Kenem saß stumm auf seinem Stuhl und schaute aus verquollenen Augen auf die Dose Pfeffer, der der Soldat nun in die Hand genommen hatte. Noch bevor Kenem seine Augen schließen konnte, landete das Pfeffer im Gesicht und auf die blutenden Wunden. Kenem schrie auf. Der brennende Schmerz raubte ihm beinah den Verstand. Immer größere Mengen Pfeffer streute der Folterer mit genüsslichem Gesichtsausdruck in den Mund und in die Nase des Gepeinigten und schlug auf ihn ein.

„Bitte ... bitte nicht mehr. Bitte!", röchelte Kenem flehentlich, der die Schmerzen nicht mehr ertragen konnte.

Der breitschultrige Soldat nickte zu seinem zweiten Folterknecht, der Schreibpapier und einen Kugelschreiber aus der Schublade hervorholte und sich nun vor den Tisch setzte, um das Geständnis schriftlich zu fixieren.

„Los, sprechen Sie."

„Ich ... ", begann Kenem flüsternd, das Blut der Platzwunde an seiner Stirn lief in Strömen an seinem rechten Augen vorbei auf seinen Schoß.

„Lauter! Sprechen Sie lauter. Ich verstehe Sie nicht!"

*„Ich gestehe. Ich bin schuldig."*

*„Das ist doch kein Geständnis!",* schrie der breitschultrige Folterer Kenem in sein blutendes Gesicht und schlug nun zum ersten Mal zwischen Kenems Beine. Vor Schmerz vornüber gebeugt, rang Kenem verzweifelt nach Luft, während der festgezurrte Strick tief in seine Handgelenke schnitt. Das Blut floss auf den Boden. Eine Wanze hatte es nicht mehr rechtzeitig geschafft, dem Blut zu entkommen. Auf dem Rücken liegend, eingefangen in einer Lache von Blut, strampelten die beharrten kleinen Beine wild um sich, doch sie schaffte es nicht mehr, sich zu befreien, denn die Blutlache vergrößerte sich zusehends.

„Hat ihr Sohn das Boot gesteuerte? Das will ich wissen."

„Mein Sohn ist nicht schuldig. Ich bin schuldig. Lassen Sie meinen Sohn in Ruhe."

„Das geht leider nicht mehr. Wir haben ihn festgenommen. Wenn Sie es nicht gestehen wollen, er wird es bestimmt."

„Ihr Schweine. Ihr verdammten Schweine, ich glaube euch kein Wort."

Der Pfeffer brannte noch immer in seinen Augen und in seinem Mund. Er hustete, spukte Blut und ließ seinen Kopf vor Erschöpfung seitlich fallen.

„Hey, hey, nicht einschlafen, alter Mann! Wir haben noch etwas vor mit dir."

Das hässliche Grinsen des Soldaten ließ nichts Gutes ahnen. Der zweite Folterknecht hatte den Kugelschreiber zur Seite gelegt und war von seinem Stuhl aufgestanden, um ein längeres Seil aus einem Schrank zu holen.

„Hey, alter Mann, nicht einschlafen!"

Der Folterer mit der blutbespritzten Uniform hielt Kenem am Schopf fest und schüttelte seinen Kopf hin und her, während er ihm ins Gesicht schrie.

„Noch nicht einschlafen."

Kenem öffnete seine blutverkrusteten Augen. Vor ihm stand der Handlanger des breitschultrigen Soldaten und hielt das lange Seil, das bedrohlich hin und her pendelte, vor seinen Augen.

"Kennst du das Arbatachar, mein Freund?"

Kenem wusste, dass die bisherigen Schmerzen nichts im Vergleich zu den Schmerzen sein würden, die das *Arbatachar* verursachte, denn die Vorfreude der beiden Folterexperten kannte nun keine Grenzen mehr.

„Aber ich gebe die eine letzte Chance. Zum letzten Mal, war dein Sohn der Bootsführer, der Nassour Laidou zur Flucht verhalf?"

„Zum ... letzten ... letzten ... Mal - nein!"

"Pack ihn und wirf ihn auf den Boden!"

Noch bevor Kenem wusste, was ihm geschah, lag er auf dem Boden in seinem eigenen Blut und spürte, wie die Soldaten nun gemeinsam seine Arme und Beine hinter dem Rücken bewegungslos festzurrten. Sofort setzte ein höllischer Schmerz ein. Kenem schrie vor Schmerz auf. Er wusste, dass dieser Schmerz nicht nachlassen, sondern im Laufe der Zeit noch zunehmen würde. Es war ein endloser Schmerz, der ihn nicht sofort in die Bewusstlosigkeit entlassen würde.

„Gestehst du nun, du Hund."

Der breitschultrige Soldat trat auf den Rücken Kenems, um ihn zum Sprechen zu zwingen. Doch Kenem hatte die Tritte nicht mehr gemerkt. Zum wiederholten Male hatte er nach unendlich langen Qualen das Bewusstsein im Seitentrakt des Militärcamps, wo niemand im tiefen Keller die gellenden Schreie der Gefolterten hören konnten, irgendwann verloren.

*

Paul war in der Wohnung Halims untergeschlüpft, doch so recht wohl war ihm nicht in seiner Haut. Er durfte Halim nicht gefährden, zumal sein Freund die Werkstatt weiterführte. Was war, wenn sie ihn beobachteten? War es nicht möglich, dass sie ihn nach der Arbeit auf dem Heimweg verfolgten? Halim hing doch nun genauso mit drin wie er, dachte Paul, und stand vom Bett auf, um aus dem Fenster zu schauen. Eine innere Unruhe hatte ihn seit drei Wochen ergriffen. In der Wohnung schaute er verstohlen aus dem Fenster. Nur noch selten verließ Paul das Zimmer. Auf der Straße fühlte sich Paul gänzlich unwohl und glaubte, sich durch sein ständiges Über-die-Schulter-Schauen die Aufmerksamkeit seiner Verfolger nur noch mehr auf sich zu lenken. Doch es musste etwas geschehen. Der Gedanke an die mögliche Folterung seines Vaters, gegen die er absolut nichts unternehmen konnte, raubte ihm beinah den Verstand. Die Vorstellung, dass auch Achta die Schmerzen der Folter ertragen müsste, bereitete ihm zusätzlich seelische Qualen.

Halim hatte Nassour Laidou bei Dr. Kaloboune in Gulumba Gana abgeliefert, der den Reporter erfolgreich operiert hatte. Der Blutverlust war zwar hoch, doch es bestand nach der Operation kein Grund zur Sorge mehr. Halim, Paul und sein Vater hatten ein Menschenleben gerettet, wofür Kenem nun grausam büßen musste, dachte Paul, der sich wieder auf das Bett legte. Nervös schaute Paul auf die Uhr. Halim hatte versprochen, Nala in Kamerun abzuholen. Es war keine gute Idee, Nala in Gefahr zu bringen, doch sie war fest entschlossen, Paul in seiner schwierigsten Phase seines Lebens nicht allein zu lassen. Es war ihre eigene Entscheidung gewesen, Paul in

N'Djamena zu besuchen, und obwohl er Angst um sie hatte, freute sich Paul auf ein Wiedersehen mit Nala, die er so sehr vermisst hatte. Ein dreimal kurzes und zweimal langes Klopfen an der Tür war das Zeichen. Paul sprang vom Bett auf und öffnete misstrauisch und mit klopfendem Herzen langsam die Tür. Da stand sie. Neben Halim, der unverfroren grinste.

„Nala!"

„Paul!"

Noch bevor weitere Worte gewechselt werden konnten, lagen sich die beiden Verliebten in den Armen. Lange Zeit wurde nicht gesprochen. Tränen der Rührung, aber auch der langen Entbehrung rollten an der Wange Nalas hinunter. Paul küsste ihre salzige Wange.

„Ich habe dich so sehr vermisst", schluchzte Nala und schaute verliebt in Pauls Augen, „ wie sehr habe ich deine gutmütigen Kulleraugen vermisst. Wenn ich in deine Kulleraugen schaue, fühle ich mich so geborgen. Ich hatte das Gefühl beinah schon vergessen."

„Nala! Wie oft habe ich an dich gedacht, doch ich hatte Angst, dich zu besuchen, weil ich die Spione nicht auf die Fährte deines Vaters führen wollte."

„Ich weiß, wie sehr du unter der schrecklichen Situation gelitten hast. Und nun das! Hast du Kontakt zu deinen Eltern?"

„Nein. Ich mache mir schwere Vorwürfe, weil ich mich nicht dem Militär stelle, und stattdessen verstecke ich mich wie eine Ratte in ihrem Loch."

„Ich glaube, dein Vater wünscht sicherlich, dich in Freiheit zu sehen. Und vielleicht werden sie ja doch bald entlassen."

„Meinst du? Nassour Laidou ist der meist gesuchte Mann im Augenblick. Wenn die Welt erfährt, welch schreckliche Gräueltaten hier geschehen, wird der neue Präsident Probleme bekommen. Niemand darf es erfahren, und deshalb versuchen sie mit allen Mitteln das Versteck Laidous ausfindig zu machen."

„Die überwunden geglaubte Zeit der politischen Verfolgung und der Folter ist zurückgekommen", sagte Nala traurig.

„Aber ich glaube noch an die Möglichkeit einer Demokratie in unserem Land. Der Präsident hat es doch selber verkündet. Und wenn Frankreich endlich einmal politischen Druck auf die Machthaber ausüben würde, dann müsste es doch einmal Frieden und Ruhe in unserem Land geben", schaltete sich Halim in das Gespräch ein, nachdem er die überschwängliche Begrüßung Nalas und Pauls mit großer Freude beobachtet hatte.

„Nun gut, wir werden sehen. Aber was geschieht nun mit Nala? Sie kann doch nicht hier wohnen bleiben."

Halim schaute Paul grinsend an.

„Ich habe doch schon längst eine Lösung gefunden. Sie schläft bei Khadija für ein paar Tage, bis wir eine Lösung gefunden haben. Übrigens, heute war das Militär bei uns in der Werkstatt. Sie stellten eine Menge Fragen über dich. Sie denken, ich wüsste, wo du dich versteckt halten würdest."

„Halim, es wird zu gefährlich. Sie werden dich beschatten, und dann bist du auch in Gefahr."

„Ich werde schon aufpassen, Paul. Du machst dir zu viele Gedanken. Und jetzt, Nala, feiern wir deine Rückkehr nach N'Djamena."

*

Langsam erwachte Kenem aus seiner tiefen Bewusstlosigkeit. Als er die Augen öffnete, blickte er in ein weißes, grelles Licht, das den ganzen Raum mit Helligkeit erfüllte. Er war nicht in seiner Zelle, stellte Kenem mit Schrecken fest, und er wusste in diesem Augenblick, dass etwas viel Schrecklicheres als die körperlichen Qualen auf ihn warten würde. Sein Körper schmerzte überall. Kenem spürte die blutverkrusteten Wunden in seinem Gesicht, die seine Haut spannten, als wären unzählige Klammern in seinem Gesicht, die die Haut strafften. Er lag nicht mehr auf dem Boden. Sie hatten ihn wieder an einem Stuhl gefesselt. Seine Arme und Beine schmerzten fürchterlich. Sie waren von der *Arbatachar* unansehnlich geschwollen. Eine offene Wunde klaffte an seinem rechten Oberschenkel. Doch die schreckliche Angst vor dem, was nun kommen würde, war größer als die fürchterlichen Schmerzen, die nicht stark genug waren, um ihn wieder in die Bewusstlosigkeit abdriften zu lassen. In diesem Augenblick wünschte sich Kenem den Tod, der ihm das Ende der Schmerzen und der Angst bringen würde.

Kenem wusste nicht, wie lange er schon an dem Stuhl angebunden war. Halbbenommen, zwischen Realität und Traum hin und her wandernd, glaubte er, dass das Leben über ihm stattfand und unerreichbar an ihm vorbeizog, als läge er unter reparierten Autos, die über ihm hinwegfuhren. Das Licht! Warum hatten sie das Licht nur angelassen? Niemand war im Raum. Zumindest glaubte Kenem, dass er ganz allein dem weißen Licht ausgesetzt war, das seine Haut verbrannte und sein Augenlicht zerstörte. Er stöhnte auf vor Schmerz. Könnte er doch nur den Stuhl umkippen, so dass er unter den Tisch kriechen konnte, um Schutz vor dem zerstörerischen Licht zu finden. Doch seine Kraft war versiegt. Sein geschundener Körper hatte alle Energie verloren. Er fühlte sich ausgebrannt und leer. „Kenem N'Dabe! Aufwachen! Wir werden doch wohl nicht wieder einschlafen, he?"
Ein Soldat, den Kenem nicht kannte, schlug ihm mit der flachen Hand ins Gesicht und riss die verschorften Wunden wieder auf. Der Soldat mit dem Engelsgesicht kannte kein Mitleid mit dem armen, alten Mann und freute sich wie ein kleines Kind auf die

nächste Tortur, die auf den Staatsverräter wartete, der doch nur einen Menschen gerettet hatte.

„Geht es ihnen gut, ja?"

Der Soldat schlug mit einem Stock auf die aufgequollenen Beine des Inhaftierten. Kenem schrie erneut auf. Wann würden sie ihn endlich töten?

„Warum ... warum ...bringt ...bringt ihr mich nicht einfach um?"

„Wir wollen, dass es ihnen gut geht, verstehen Sie das?"

„Tötet mich, bitte. Tötet mich."

„Nun, das wäre doch viel zu einfach. Außerdem haben Sie noch immer nicht gesagt, wo Paul ist. Er war doch dabei, stimmt's?"

Kenem saß stumm auf seinem Stuhl und erwartete die nächsten Schläge auf seinen geschundenen Körper.

„Mir können Sie es doch sagen. Ich will Ihnen doch gar nicht weh tun, verstehen Sie das denn nicht?"

Wieder schwieg Kenem und starrte auf den blutverschmierten Boden.

„Ob Sie mich verstanden haben, habe ich gefragt!"

„Ahhh!"

„Aha, Sie verstehen mich. Also, zum letzten Mal, gestehen Sie endlich, und Sie sind ein freier Mann. Oder wollen Sie etwa, dass ihrer Frau etwas passiert? Nein, das kann ich mir nun doch nicht vorstellen."

Die Angst schnürte seinen Hals zu. Sie hatten seine Frau! Nicht seine Frau! Sie würden doch nicht seine Frau genauso quälen!

„Lassen ... Sie ... meine ... meine Frau ... gehen. Sie hat ... sie hat ... nichts damit zu tun."

"Junger Mann, Sie wollen mir sagen, was ich zu tun habe? Sie verkennen wohl Ihre Situation, mein Herr."

„Ahhhh."

Der Stockschlag traf seinen rechten Arm, der schlaff hinunterhing.

„Sehen Sie, ich habe das Sagen hier. Nun gut, Sie wollen nicht reden. Sie werden schon sehen, was Sie davon haben. Bringt sie rein!"

Zwei große Soldaten brachten Achta zur Tür hinein. Verschreckt schaute sie in dem von grellem Licht überfluteten Raum umher, um sich zu orientieren. Sie erschrak als sie ihren zur Unkenntlichkeit gefolterten Mann auf einem Stuhl sitzen sah.

„Mein Gott. Kenem! Was haben sie mit dir gemacht? Was habt Ihr ihm nur angetan?"

Achta weinte beim Anblick ihres Ehemanns, doch plötzlich wurde sie brutal von Kenem weggerissenen und mit brutaler Gewalt aus der Folterzelle gestoßen.

„Also, gestehen Sie endlich", schrie der Soldat mit dem Engelsgesicht in Kenems Ohr, der wie von weit entfernt, aus einem Nebelschleier heraus, die Schmerzensschreie seiner geliebten Frau vernahm, bevor er das Bewusstsein verlor.

„Réveillez vous, Kenem! Le plaisir n'est pas fini."

Der breitschultrige Soldat hatte den Soldaten mit dem Engelsgesicht abgelöst. Kenem musste schon einen unendlich lange Zeit in dem Raum verbracht haben. Doch er nahm die Umwelt nicht mehr wahr. In sich zusammengesunken starrte er mit leeren, ausdruckslosen Augen auf die tote Wanze, die im verkrusteten Blut gefangen war. Wanze. Wanze. Wanze. Glückliche Wanze. Tot. Sie war tot. Das Leben ist der Tod. Der Tod ist das Leben. Tot durch das Blut. Blut ist der Tod. Das Blut ist Leben. Leben. Leben. Nicht mehr leben. Sterben. Tot sein wie die Wanze. Glückliche Wanze. Beneidenswerte Wanze.

"Réveillez.vous! Nous avons une surprise."

Der breitschultrige Mann schlug mit seinem Lieblingsfolterinstrument auf Kenem ein. Doch die Schläge, die erneut auf ihn niederprasselten, nahm er nicht mehr wahr.

"Wach auf, wir haben noch eine Überraschung für dich."

Paul. Paul ist sicher. Paul ist das Leben. Das Leben ist doch gut. Nein. Paul? Nein! Nicht Paul!

„Vater! Mein Gott, was haben sie mit dir gemacht?"

„Paul", flüsterte Kenem kaum wahrnehmbar, „haben sie dich doch gefangen?"

Paul stand in Handschellen gefesselt vor seinem Vater, den er auf den ersten Blick nicht wiedererkannt hatte. Paul legte sein Ohr so nah es ging an den blutverkrusteten Mund seines Vaters, um ihn verstehen zu können. Wenn er sprach, flüsterte Paul seine Worte in Kenems Ohr, das von den Schlägen der Peiniger aufgeplatzt war.

„Halim hat mich verraten."

„Halim? Doch nicht Halim Sayed!"

„Es war Halim Sayed. Sie hatten gewartet, bis ich die Wohnung verlassen hatte. Draußen auf der Straße haben sie mich ergriffen und zusammengeschlagen. Es gab keine Chance für mich zu entkommen."

„Nein. Nein. Nein. Ich will es nicht hören! Und Nala? Ist sie auch ... ?"

„Nala hat Unterschlupf bei Verwandten gefunden."

„Und die Werkstatt?"

„Wir haben sie verloren."

„Oh mein Gott. Alles ist vorbei."

„Halim hat sie nun übernommen. Ich hatte zuerst nicht an seinen Verrat glauben können, doch dann sah ich das Schild mit seinem Namen in leuchtenden Farben über der Werkstatt hängen."

„Oh nein. Alles ist aus. Die letzte Hoffnung ist gestorben."

„Ich wollte es dir nicht sagen, aber ...".

„Ist schon gut, mein Sohn. Ist schon gut."

„Vater, ich hole dich hier raus. Ich verspreche es."

„Paul. Du musst jetzt tapfer sein. Sie ... sie werden mich ... er ...

erschießen. Ich weiß es. Ich bin ihnen nicht mehr nützlich. Pass auf deine Mutter auf. Versprich mir das, hörst du?"

„So, es reicht! Treten Sie von ihrem Vater weg."

Paul hielt die Hände seines Vaters und weinte im Angesicht der Soldaten, die Paul nun mit einem Schlag auf seinen Rücken von seinem Vater mitleidslos trennten und ihn aus dem Raum drängten. Zum letzten Mal sah Paul seinen Vater zusammengesackt auf dem Stuhl sitzen.

Seit seiner Einlieferung hatte Paul seine Mutter nicht ein einziges Mal im Militärgefängnis gesehen. Verzweifelt hatte er versucht, Kontakt mit ihr aufzunehmen, doch alle Bemühungen waren fehlgeschlagen. Niemand wusste etwas über Achta N'Dabe. Vielleicht, so hegte Paul die letzte Hoffnung, war sie bereits entlassen worden, doch so recht mochte er an dieses Wunder nicht glauben. Auch seinen Vater hatte er seit seiner Einlieferung nicht mehr zu Gesicht bekommen, und ein beklemmendes Gefühl wuchs in seinem Herzen, je länger Paul inhaftiert war, dass sein Vater Recht behalten sollte. Doch wenn er tot war, so hatte er den ersehnten Frieden, dachte Paul, in einer Gefängniszelle. Doch die Ungewissheit über sein Schicksal war schwerer zu ertragen als sich seines Todes gewiss zu sein. Und so vergingen die Tage und Wochen, ohne konkrete Ergebnisse zu erhalten.

Nur während zwei Verhören hatten die Soldaten Paul mit Schlägen traktiert, doch sie kamen sehr schnell zum Ziel, denn Paul hatte die Fluchthilfe ohne weiteres gestanden. Ja, er hatte Nassour Laidou mit dem Einbaum, das er von den Nadours entliehen hatte, nach Kamerun gebracht. Ja, er war nun mit Sicherheit in Nigeria. Wo genau, das wusste Paul allerdings nicht. Ja, er hatte gewusst, wer sich hinter dem Namen Laidou verbarg. Ja, er hatte die Schusswunde an der Schulter nicht nur gesehen, sondern sie wurde auch von seiner Familie als ein Akt der Menschlichkeit behandelt. Ja, er hatte auch gewusst, dass der Rundfunkreporter über die offizielle Hinrichtung berichtet hatte. Dass ein Massaker stattgefunden hatte, wurde von offizieller Seite allerdings verleugnet. Ob er nicht gewusst hatte, dass der Mann als Staatsfeind gesucht wurde? Nein, dies hatte er nun wirklich nicht wissen können. Laidou hätte doch ebenso gut ein Opfer eines nächtlichen Überfalls sein können. Vielleicht hatten die Täter bei dem Opfer viel Geld vermutet. Ja, er hatte Goukuni Laoubele mit einem gezielten Schuss hingerichtet. Warum er weggerannt sei? Nun, alle waren doch auf der Flucht vor der erbosten Menschenmenge, die sich auf die blutrünstigen Soldaten stürzen wollten. Nein, seine Mutter war nur indirekt an der Flucht beteiligt. Wo war seine Mutter? Das wollten sie ihm nicht sagen. Weiter. Ja, er hatte das Blut von dem Boot abgewischt, um die Spuren zu verwischen. Wie er zu Halim Sayed stünde? Dazu wollte er keine Angaben machen. Doch der Stock bewegte sich drohend in seine Richtung. Doch, er wollte sich dazu äußern. Ja, Halim war mehr als ein guter Freund gewesen, der ihm das Leben in Aozou gerettet hatte. Umso mehr war er nun über den Verrat enttäuscht. Ob Halim an der Fluchthilfe beteiligt war? Warum antwortete der Inhaftierte nicht? Er sollte doch bitte langsam antworten. Nein, Halim war nicht an der Flucht beteiligt gewesen. Er hatte ihm nur Unterschlupf gewährt. Sein Vater? Nein, der Plan kam von ihm selber. Sein Vater hatte nur am Rande etwas damit zu tun. Sie hatten ihm Unrecht getan. Wo war sein Vater? Auch diese Frage verweigerte das Sondergericht zu beantworten. Weiter. Das Urteil. Das Vergehen, einen Staatsfeind zur Flucht zu verhelfen, erforderte die härteste Strafe die das Gesetz kannte. Die Todesstrafe. Tod durch Erschießen. Der Zeitpunkt und der Ort würden noch bestimmt werden.

So wartete Paul seit zwei Monaten schon auf seine

Hinrichtung, die jeden Tag stattfinden konnte. Jeder Tag wurde somit zu einem Schicksalstag. Und wenn der Abend einbrach, gab es keinen Grund zur Freude, diesen Tag lebend überstanden zu haben, denn die Angst vor dem nächsten Tag setzte am Abend des überlebten Tages ein. Nala hatte er seitdem nicht mehr gesehen. Ihr zu schreiben, einen Versuch zu starten, mit ihr schriftlich Kontakt aufzunehmen, hatte Paul schnell fallen lassen. Er war sich sicher, dass die Briefe nicht ihren Zielort erreichten. Vielmehr würden die Unmenschen die Anschrift benutzen, um Nala zu verhaften. Dies durfte um alles in der Welt nicht geschehen. Und so war er nur mit sich allein in der Todeszelle. Zum Tode Verurteilte hatten das Anrecht auf Geselligkeit verspielt.

Nur eine Stunde pro Tag durfte Paul auf den kleinen Innenhof, um ein wenig seine Glieder zu strecken und um die wärmenden, wohltuenden Sonnenstrahlen vielleicht zum letzten Mal einzufangen. Und während Paul in Gedanken versunken den Innenhof auf und ab schritt und sein blasses Gesicht für ein paar Minuten der Sonne entgegenhielt, bemerkte er, dass die Wachmannschaft abgelöst worden war. Er kannte die Gesichter nicht, die unentwegt seine Schritte im kleinen Hof beobachteten. Nur ein Gesicht kam ihm recht vertraut vor, doch er wusste nicht, wo er das Gesicht in seiner Erinnerung einordnen sollte. Nachdem er seine Beine vertreten hatte, setzte sich Paul in den hellen, sonnenüberfluteten Bereich des Hofes und las, wenn er es durfte, in einer Zeitung, aus der jedoch bestimmte Artikel, aus welchen Gründen auch immer, herausgeschnitten worden waren.

„Pst."

Paul legte die durchlöcherte Zeitung zur Seite und schaute sich um, woher das seltsame Geräusch gekommen war.

„Pst."

Erst jetzt erkannte Paul einen Soldaten, der aus einem Seiteneingang herausgetreten war. Es war das bekannte Gesicht, das Paul einfach nicht einordnen konnte, so oft er es auch versucht hatte.

„Stopp. Nicht aufstehen. Bleiben Sie, wo Sie sind. Tun Sie so, als ob Sie die Zeitung lesen."

„Wer sind Sie?" flüsterte Kenem in seine Zeitung hinein, als führe er ein Gespräch mit einer der abgebildeten Personen in der Zeitung.

„Sie kennen mich vielleicht nicht mehr. Ich war ein guter Kunde ihres Vaters."

„Was!"

„Das Schicksal ihres Vaters ist mir sehr zu Herzen gegangen. Er war ein guter Mensch."

„Was ist mit meinem Vater?"

„Schauen Sie bloß nicht hoch! Stecken Sie Ihre Nase in die Zeitung! Ihr Vater ist tot. Er wurde erschossen."

„Oh Mein Gott! Warum musste er nur so leiden? Und meine Mutter?"

„Ich muss jetzt gehen. Setzen Sie sich morgen wieder an diese Stelle hin. Ich werden Ihnen helfen, hier herauszukommen."

„Halt warten Sie! Was ist mit meiner Mutter?"

Doch Paul erhielt keine Antwort mehr auf seine Frage. Die Neuigkeit über den Tod seines Vaters hatte Paul schockiert, doch auch erleichtert. Das Leben war für Kenem nicht mehr lebenswert gewesen. Paul hatte einen gebrochenen Menschen vor sich gesehen, dem seine Frau, sein Lebenswerk und sein letztendlich sein eigenes Leben unter unvorstellbaren Qualen genommen wurde. Und Kenem starb mit dem Gefühl, auch seinen Sohn im Gefängnis verloren zu haben. Dieser Gedanke bereitete Paul die größten Schmerzen, und er legte sich auf seine Pritsche, entschlossen, am Leben zu bleiben und das

Lebenswerk seines Vater, der Traum von einer kleinen Autowerkstatt, die eine Familie ernähren konnte, irgendwo anders in der Welt fortzusetzen. Doch er musste aus dem Gefängnis entkommen und den Tschad verlassen. Ob der Soldat ihm wirklich helfen konnte? Wieso hatte er nicht über das Schicksal seiner Mutter gesprochen? Morgen, falls es einen nächsten Morgen gab, würde er Gewissheit haben.

Paul konnte es kaum erwarten, den Innenhof am nächsten Tag zu betreten. Er hatte kaum Schlaf gefunden, da er befürchtete, während der Nacht aus der Zelle zur Hinrichtung geführt zu werden. Umso mehr erfreute Paul sich an den hellen Sonnenstrahlen im Innenhof, den er pünktlich wie immer um 11 Uhr mit einer Zeitung in der Hand betrat. Wie verabredet, setzte sich Paul, nachdem er seine Runden wie gewohnt gedreht hatte, an den Platz, wo eine heimliche Kommunikation für den Soldaten günstig erschien. Paul musste sich zum Lesen zwingen. Eine innere Unruhe hatte sich in ihm ausgebreitet. Was wäre nur, wenn der Soldat nicht erschien? Dann war doch alles vorbei. Wie sollte er alleine aus dem Gefängnis ausbrechen? Unmöglich. Er muss kommen. Der Soldat war seine einzige Rettung. Unruhig, mit zittrigen Händen blätterte Paul in der Zeitung herum

„Pst."

Für einen kurzen Augenblick drehte sich Paul in die Richtung der Stimme. Er bückte sich und fummelte umständlich an den Schnürsenkeln seiner Sportschuhe. Es war derselbe Soldat von gestern. Beruhigt schaute Paul wieder in seine Zeitung.

„Hören Sie gut zu. Heute Nacht wird die Tür Ihrer Zelle offen sein. Jetzt hören Sie genau zu. Sie rennen den Korridor entlang. Die dritte Tür rechts müssen Sie nehmen. Von dort führt ein Gang zum Offizierskasino. In der Mitte des Ganges werden Sie an der Decke eine Öffnung sehen. Sie ist mit einer Metallplatte verschlossen. Der Schacht ist ein Geheimausgang für die Offiziere. Er führt direkt zur Straße hin. Am Ende des Schachts warte ich auf Sie. Alles verstanden?"

„Warum tun Sie das für mich?"

„Kenem war ein guter Mensch. Das habe ich doch schon gesagt."

„Und meine Mutter? "

„Sie ist tot."

"Tot? Auch sie? Gott! Warum? Warum musste meine Mutter sterben?

„Sie hat sich in ihrer Zelle erhängt".

„Nein! Mein Vater tot, meine Mutter tot, und mein bester Freund ist ein Verräter."

„Reden Sie nicht so einen Unsinn. Halim hat mir ein Teil seines Geldes gegeben, um den Wärter zu bestechen. Hier!"

Der Soldat warf ein Butterfly-Messer und einen kleinen Schlüssel vor Kenems Füße in den Staub, die Paul schnell in seiner Hose versteckte.

„Wozu der Schlüssel?"

„Den dürfen Sie nicht verlieren. Er ist für das Schloss der Metallplatte. Also, heute Nacht müssen Sie fliehen, oder Sie erleben den nächsten Tag nicht mehr."

„Warten Sie!"

Doch der geheimnisvolle Soldat war so leise und schnell verschwunden, wie er gekommen war. Verwirrt über die Worte des unbekannten Soldaten, dachte Paul noch lange über die Bedeutung der Worte nach. Warum hatte Halim dem Soldaten Geld zu seiner Flucht gegeben? Woher kannte Halim diesen Soldaten? Warum half er ihm überhaupt? Weil Kenem ein guter Mensch war? War das die einzige Erklärung? Dass der Unbekannte aus reiner Nächstenliebe handelte, in einem Gefängnis, wo der kalte, süßliche Leichengeruch in den Mauern steckte, wo täglich die Schreie der Gequälten in den Korridoren verhallte, konnte nicht die Erklärung sein. Und warum hatte seine Mutter Selbstmord begangen? Welches Schicksal hatte sie hier in den Mauern erlitten? Paul wusste keine Antwort auf die vielen Fragen. Doch er musste sich nun auf seine Flucht konzentrieren. Nach den Worten des Soldaten zu urteilen, war morgen der Tag der Hinrichtung. Das Messer. Vorsichtig holte Paul das Messer aus seiner Hose. Mit einem kurzen Handgriff war das Messer aufgeklappt und lag bedrohlich in Pauls Hand. Schnell klappte es Paul wieder zu und verstaute es erneut in der Innenseite seiner Hose. Der Schlüssel hatte einen einfachen Bart und war sicherlich kopiert worden. Noch einmal wiederholte Paul den Fluchtplan und verinnerlichte sich jedes einzelne Detail. Nichts durfte schiefgehen, andernfalls würde er morgen erschossen werde. Und er hoffte, wenn es soweit war, so schnell und schmerzlos zu sterben wie Laoubele.

*

Der Abend zog sich lange hin. Wie zu erwarten war, hatte es wiederum kein Abendessen gegeben. Paul hatte in den Monaten seiner Haft acht Kilogramm abgenommen. Vorsichtig holte Paul die letzte Brotration unter seiner Pritsche hervor. Sie musste für die nächsten Stunden herhalten. Langsam kaute Paul das Brot, das er mit jedem Biss genießen wollte und sich vorstellte, nach dem Verzehr rundum satt zu sein. Ungeduldig legte sich Paul auf seine Pritsche und wartete auf den Aufseher, der ihm den Weg zur Freiheit ebnen sollte. Lange Zeit geschah nichts. Paul schaute einer Küchenschabe zu, die aus einer Ritze in der Mauer herauskrabbelte und auf die Pritsche zugekrochen kam. Er verspürte den starken Wunsch, die Küchenschabe mit seinem Schuh zu zerquetschen, doch er ließ plötzlich von seinem Vorhaben ab, um dem lebendigen Wesen ein Weiterleben in diesem Ort des Grauens zu ermöglichen. Schnell krabbelte die Küchenschabe unter dem Gitter seiner Zelle durch und verschwand aus seinem Blickfeld.

Ein plötzlicher Anfall von Müdigkeit übermannte Paul. Er musste aufstehen, durfte nicht mehr auf der Pritsche liegen, die trotz ihrer Härte und Unbequemlichkeit zum Schlafen einlud. Paul stand auf und durchschritt seine Zelle. Doch plötzlich in seiner Schrittübung hinein klapperte leise das Gitterschloss. Der Aufseher stand vor seiner Zelle. Stumm winkte er Paul zu sich herüber und drückte ihm den Schlüsselbund in die Hand.

„Das Messer! Los!", befahl er.

Paul holte das Messer aus seiner Hose und ließ es in seiner Funktionsbereitschaft mit einem Handgriff aufschnappen. Bedrohlich zeigte die Messerspitze auf den Körper des Wächters.

„Los. Stich zu!"

„Das kann ich nicht!"

„Mach schon!"

Pauls Zögern dauerte zu lange. Mit einem Sprung war der Aufseher bei Paul, ergriff sein Handgelenk und rammte sich das Messer seitlich am Bauch vorbei in den Oberkörper. Sein Schmerzensschrei weckte Pauls Sinne. Er ließ das Messer vor Schreck fallen und eilte den Korridor entlang. Doch eine innere Eingebung zwang ihn zum Halten. Das Messer! Widerwillig rannte er zu seiner Zelle zurück, wo der Aufseher, mit dem Rücken am Gitter gelehnt, auf Hilfe wartete.

„Bist du wahnsinnig zurückzukommen!", rief er beim Anblick Pauls aus, „die werden dich erwischen, und dann haben wir beide nichts gewonnen. Hau endlich ab. HILFE! HILFE!"

Paul ergriff das auf dem Boden liegende Messer und rannte

erneut den langen Korridor entlang. Hastig suchte er die dritte Tür. Die erste hatte er passiert. Die zweite Tür lag vor ihm. Weiter. Nur nicht stehen bleiben. Nicht zurückschauen. Wo war die dritte Tür? Waren da nicht Stimmen im Korridor, die ihm entgegenkamen. Verzweifelt rannte Paul weiter. Wo blieb denn nur die dritte Tür. Da! Dies musste die Tür sein. Es war eine schwere, eiserne Tür. Es erforderte Pauls gesamte Kräfte, um sie zu öffnen. Halb geöffnet, zwängte sich Paul durch die massive Eisentür und rannte weiter. Das Offizierskasino. Wenn sie sich nun dort aufhielten und auf ihn warteten? Weiter. Immer wieder schaute Paul nach oben, um die Öffnung zu dem Geheimausgang zu finden. Da waren doch Stimmen? Hatten sie schon seinen Ausbruch bemerkt? Wo war die Metallplatte an der Decke? Verflucht. War er schon zu weit gelaufen? Für einen kurzen Augenblick blieb Paul unschlüssig stehen. Ungewohnt der körperlichen Anstrengung, schnappte Paul nach Luft und schaute nach oben. Weiter. Noch hatte er nicht die Hälfte des Ganges erreicht. Endlich! Das musste sie sein! Über ihm war ein kreisrunder Rand zu sehen, über dem eine Metallplatte lag. Mit einem Satz sprang Paul auf die dritte Sprosse der schmalen eisernen Leiter, die zu der Öffnung führte. Hektisch fummelte Paul nach dem kleinen Schlüssel, den er mit einem Ruck aus der Hosentasche zog. Doch in seiner Aufregung verfing sich der Schlüssel am Rand der Hosentasche und fiel an den unteren Sprossen vorbei, einen hellen, metallischen Klang erzeugend, auf den Boden. Die Stimmen kamen näher. Die Aufseher hatten das Geräusch gehört und beschleunigten ihre Schritte. Der Schweiß lief in dicken, runden Perlen von Pauls Stirn, als er den Schlüssel endlich in der Hand hielt und von neuem versuchte, das Schloss zu öffnen. Beim zweiten Versuch schnappte der Bügel des Schlosses auf. Mit einem heftigen Ruck schob Paul die Metallplatte zur Seite und zwängte sich mit letzter Kraft durch die Öffnung. Ohne die Metallplatte wieder zu verschließen, rannte Paul den dunklen Schacht entlang. Je weiter Paul sich von der Lichtquelle entfernte, desto dunkler wurde der Schacht, und er rannte wie im Blindflug in ein schwarzes Loch hinein. Paul blieb keine Zeit zum Verschnaufen, denn die kleinen Lichtpunkte fünfzig Meter hinter ihm kamen bedrohlich näher. Die Aufseher hatten die Flucht entdeckt und verfolgten Paul mit großen Taschenlampen, die einen weiten Lichtstrahl in den dunklen Schacht warfen. Und obwohl die Aufseher Paul noch nicht sehen konnten, schossen sie mit ihren Revolvern aufs Geratewohl in den Gang hinein. Der Lärm der abgefeuerten großkalibrigen Munition war ohrenbetäubend. Voller Angst, im letzten Augenblick noch geschnappt und von einer verirrten Kugel getroffen zu werden, rannte Paul, gehetzt von den gnadenlosen Aufsehern, um sein Leben. Die Kugeln pfiffen an Paul vorbei und schlugen irgendwo im Mauerwerk ein oder prallten von dort ab und schwirrten unkontrolliert im Gang umher. Paul roch bereits den Pulverdampf. Schneller. Er musste schneller laufen. Ein dünner, zaghafter Lichtstrahl kündigte nach einhundertzwanzig Metern das Ende des Ganges an. Noch einmal erhöhte Paul trotz der Seitenstiche seine Schrittfrequenz. Keuchend taumelte er vor Erschöpfung dem Ausgang zu. Seine Beine waren schwer wie Blei, als er das Gitter zur Freiheit erreicht. Vergeblich versuchte Paul das Gitter nach vorne zu schieben. Nicht einen Zentimeter bewegte es sich von der Stelle. Panik ergriff Paul. Unzählige Gedanken schossen wie ein Blitz durch seinen Kopf. Er war verloren. Erschossen. Tot. Begraben. Verscharrt. Als Wasserleiche aufgebläht. Futter für die Krokodile. Nala. Nala war verloren. Vergeblich würde sie auf ihn warten. Wild rüttelte er mit beiden Händen an dem Gitter. Das Schloss! Er hörte das schwere, heftige Keuchen eines Aufsehers näherkommen. Er war nicht mehr weit entfernt. Er würde ihn hier am Gitter der

Freiheit erschießen. Der Schlüssel. Mit zittrigen Händen versuchte Paul das Schloss zu öffnen. Es passte nicht. Er war verloren. Noch einmal ruckte und zerrte Paul an dem Gitter, den Tränen nahe.

„HILFE! ICH WILL RAUS!"

„Verdammt, du bist schon da. Ich habe dich später erwartet."

Der unbekannte Soldat bückte sich, um das Gittertor mit dem passenden Schüssel zu öffnen. Ein Schuss fiel. Die Kugel streifte Pauls linken Oberarm.

„*Arrêtez-vous!*"

Der Aufseher war nun herangenaht und bedrohte Paul mit seinem schweren Revolver, den er mit beiden Händen, die Arme weit nach vorne gestreckt, krampfhaft festhielt. Für einen kurzen Augenblick wendete er seinen Kopf in Richtung des Schachts, um die herannahende Verstärkung auf seinen Erfolg aufmerksam zu machen.

„*Ich habe ihn!*"

In diesem Moment traf ihn das Messer, das ihm Paul blitzschnell und gezielt in die Brust des Aufsehers gerammt hatte, mitten ins Herz. Mit einem Ausdruck der Verwunderung über seinen Fehler, den Häftling entgegen seiner Gewohnheit für den Bruchteil einer Sekunde unbeobachtet gelassen zu haben, sackte der Aufseher tot zu Boden. Paul verharrte in seiner Bewegung. Mit seiner rechten Hand, die blutende Wunde am Oberarm abdeckend, schaute er zur Salzsäule erstarrt auf die sich unter der Brust des Aufsehers ausbreitende Blutlache.

„Los, komm jetzt! Worauf wartest du?"

Ungeduldig winkte der Unbekannte zu ihm herüber. Das Gitter war geöffnet. Paul musste sich von dem Anblick des Toten losreißen. Ein letztes Mal schaute Paul auf den leblos daliegenden Körper des Aufsehers. Er ergriff den Revolver und flüchtete ins Freie, wo Halim und sein Jeep auf ihn wartete.

„Halim! Du?"

„Steig ein! Und keine Fragen!

Wütend schossen die Aufseher, die jetzt den Ausgang erreicht hatten, hinter dem mit quietschenden Reifen in die Dunkelheit davonrasenden Jeep her, der dem Kugelhagel unbeschadet entkommen konnte. Unentwegt starrte Paul Halim verblüfft an, der, wie damals im Kriegseinsatz an der Front, den Jeep mit angespannter Konzentration steuerte. Überwältigt von den Ereignissen der letzten Minuten, saß Paul erschöpft auf dem Rücksitz des Jeeps und starrte stumm und in Gedanken versunken auf die dunkle Straße hinaus. Paul fühlte sich elend. Er betrachtete seine zittrigen Hände, an denen das Blut noch klebte. Es waren die Hände eines Mörders. Mörderhände. Würde es denn nie ein Ende geben? Im Krieg hatte er Menschen getötet. Die Erschießung Laoubeles war zwar Folge einer willkürlichen Entscheidung des Militärs, dennoch aber fühlte sich Paul an dem Tod eines Menschen zum ersten Mal mitschuldig, obwohl sein gezielter Schuss den Leidensweg Loubeles verkürzt hatte. Doch der direkte Kontakt zu seinem Opfer, das Hineinstoßen des Messers in den weichen Körper des Aufsehers, erfüllte Paul mit Grauen. Paul hatte aus Notwehr gehandelt, doch seltsamerweise konnte Paul sich nicht des Gefühls erwehren, einen Menschen ermordet zu haben. Verzweifelt rieb Paul seine Hände an der Innenseite seiner Jeans sauber. Die Fahrt ging im schnellen Tempo in nördliche Richtung. Paul schaute zu Halim hinüber. Wieso war Halim, der Verräter, an seiner Flucht beteiligt? Wer war der unbekannte Soldat, der neben Halim auf dem Beifahrersitz schweigsam saß und ab und zu nach Verfolgern Ausschau hielt? Fragen über Fragen, die einer Antwort bedurften.

„Halim! Ich will jetzt wissen, was das alles zu bedeuten hat!"

„Nicht jetzt, Paul. Wir sind im Einsatz. Hast du das schon

vergessen?"

„Wer ist der Mann vor mir?"

Paul deutete in Richtung des Soldaten, der schweigsam geradeaus schaute.

„Warum riskiert er sein Leben, um mich zu retten?"

„Ich werde dir alles erklären, wenn wir da sind", rief Halim, gegen den Fahrtwind ankämpfend, seinem Freund laut zu.

„Wohin fahren wir?"

„Nach Hadjer el Hamis."

„Was! In das beschissene Kaff am Tschadsee?"

„Du kannst nicht mehr zurück nach N'Djamena. Du musst den Tschad verlassen."

„Und du?"

„Ich weiß es noch nicht. Aber ich glaube, ich bin dabei."

„Wieso hast du mich verraten? Wieso?"

„Alles zu seiner Zeit."

Er wendete sich wieder der Straße zu, die er nach elf Kilometern verließ, um sie mit einer unbefestigten Sandpiste einzutauschen, die den möglichen Verfolgern die Fährte aufzunehmen erschweren sollte. Nach eineinhalb Stunden hatten sie Hadjer el Hamis, die im Süden des Tschadsees gelegene Ortschaft erreicht. War der Ort schon während des Tages ein trauriger Anblick, so vermittelte sie in der Nacht den Eindruck eines verlassenen Friedhofs. Vor der kleinen Hütte an der unbefestigten Straße am Ende des Dorfes, in die sie nun einbogen, standen Nala und Khadija, eingefangen im weißen Licht der Scheinwerfer, und winkten ihnen aufgeregt zu. Sie hatten das leise Herannahen des Jeeps bereits gehört und ungeduldig auf die Ankunft Pauls gewartet. Froh über das erfolgreiche Gelingen der Rettungsaktion, stürmte Nala auf Paul zu, der für einen Augenblick seine dunklen Gedanken verdrängte und sie freudestrahlend in die Arme nahm. Für einen

171

Augenblick waren alle Sorgen vergessen, als er ihren warmen Körper in seinen Armen hielt. Wortlos schauten sie sich eine lange Zeit verliebt in die Augen, überwältigt von den Gefühlen des Glücks, wieder zusammen zu sein.

„Es gab eine Zeit, da habe ich nicht mehr daran geglaubt", brach Nala das Schweigen, während Khadija nach der Begrüßung mit Halim in die Hütte ging, um ein kleines nächtliches Mahl vorzubereiten, „ich bin so unsagbar froh, dich wieder bei mir zu haben. Ich möchte dich nie wieder verlieren."

„Hast du von meinen Eltern gehört?"

„Mhm, Halim hat es mir erzählt ... und ... und wie fühlst du dich?"

„Schau dir das Blut an meinen Händen an, an meiner Jeans, auf dem Rücksitzt des Jeeps. An mir klebt das Blut des Aufsehers, den ich erstochen habe."

„Nein!"

„Ich musste ihn umbringen", sagte Paul und erklärte Nala die näheren Umstände, die zu dem Tod des Aufsehers geführt hatte.

„Aber, du musstest es tun für die Freiheit!"

„Freiheit. Bitter erkauft. Ich habe wieder einen Menschen umgebracht. Ich fühle mich so leer, so schrecklich ausgebrannt. Das Leben ist so sinnlos. Mein Vater. Mein Gott, ich habe ihn nach der Folter gesehen. Meinen Vater, den ich so sehr geliebt hatte, der niemand etwas zu Leide getan hatte, war ein grausam zugerichtetes Wrack. Ich habe sein Gesicht beinah nicht mehr erkannt. Seine Arme und Beine waren fürchterlich angeschwollen. Er blutete aus vielen Wunden. Ich kann nicht mehr. Ich bin am Ende."

„So darfst du nicht reden, hörst du. Wir haben uns, und gemeinsam werden wir es schaffen."

„Aber wie denn? Meine Eltern sind tot, die Werkstatt ist weg, und nach N'Djamena kann ich nicht mehr zurück. Mein Leben ist verpfuscht. Aus. Vorbei. Ende."

„Aber du hast einen Menschen, der dich liebt, der zu dir hält. Dann gehen wir eben weg und suchen unser Glück woanders."

„Und deine Eltern? Kannst du sie alleine lassen? Und wohin willst du gehen?"

„Nach Frankreich ... oder ... oder nach Deutschland und ... und du machst dort eine Werkstatt auf ... und ... und reparierst Nobelkarossen .... BMW ...oder ...".

„Mercedes und Porsche oder vielleicht doch lieber Renault und Peugeot. Mit denen kenne ich mich doch am besten aus."

„Siehst du. Und meine Eltern werden in einem halben Jahr wieder nach Paris ausreisen. Du siehst also, es gibt immer eine Hoffnung. Du darfst nicht aufgeben. Und wenn wir in Deutschland oder in Frankreich sind, heiraten wir."

Für einen kurzen Augenblick leuchteten Pauls große Kulleraugen begeistert auf. Es war eine kühne Idee, doch so wagemutig der Traum auch war, es gab ihm die Hoffnung auf ein besseres, glücklicheres Leben und die Kraft, mit frischem Elan das hochgesetzte Ziel anzustreben. Er war der Traum von einem Neubeginn in einem Paradies des Wohlstands, wo keine Gewalt, keine Willkür und keine Diktatur die Freiheiten des Menschen einschränkten. Und je mehr Paul darüber nachdachte, desto mehr wuchs in ihm die Gewissheit, das gemeinsame Glück mit Nala in Deutschland oder in Frankreich zu finden.

Gemeinsam gingen Nala und Paul in die Hütte, wo Khadija bereits das Essen angerichtet hatte, und setzten sich zu den anderen auf den Boden. Bevor das Essen ausgeteilt wurde und Paul sich mit Heißhunger auf das Essen stürzen konnte- es gab Reis und Nudeln in einer Sauce, bestehend aus gekochten Melonen und Fleischstücken - wurde der arabische Segensspruch Bismallah ausgesprochen. Halim, mit dem Paul noch kein weiteres Wort seit der Flucht gesprochen hatte, schenkte heißen, stark gesüßten Tee in seiner gewohnten Zeremonie im hohen Bogen in die Gläser ein. Wie lange hatte Paul auf eine gute Mahlzeit verzichten müssen. Es sind die kleinen Dinge des Lebens, die einem das Herz erfreuen, dachte Paul, und im Kreis seiner Freunde und beim Anblick der schmackhaften Köstlichkeiten war Paul für einen Moment zu Tränen gerührt. Er vermisste seine Eltern sehr.

„Paul, wenn du willst, können wir jetzt über die Sache reden", begann Halim das notwendige Gespräch, das wie ein Damokles Schwert über der Gruppe hing.

„Du hast mich sehr enttäuscht, Halim, obwohl du die Flucht vorbereitet hast. Ich verstehe das alles nicht."

„Paul, ich bin immer noch dein treuer Freund, aber ich musste dich verraten."

„Wieso!"

Pauls stimme wurde lauter. Eine gespannte Atmosphäre legte sich wie der kühle Schleier eines Frühnebels über die kleine Hütte.

„Wieso hast du mich verraten? War es dir so wichtig, dir die Werkstatt anzueignen und mich der Folter und der Todesstrafe auszusetzten? Du wusstest doch ...."

„Paul, lass es mich dir erklären!"

„Du wusstest doch, dass ich hingerichtet werden würde, stimmt's".

„Paul, ich ... ich ..."

„Und alles nur für die Werkstatt, wo jetzt dein Name in leuchtenden Buchstaben über dem Eingang prangert."

„Ich musste es tun, verstehst du? Ich musste in dem schmutzigen Spiel mitspielen. Es war ein taktischer Schachzug."

„Taktischer Schachzug! Dass ich nicht lache."

„Hör mir zu Paul, bitte."

„Ja, hör ihm zu", unterstützte Khadija ihren Freund, „gib ihm eine Chance."

„Ich musste dich verraten, weil sie auf kurz oder lang die Verbindung herausbekommen hätten. So gab ich ihnen den Anschein, auf ihrer Seite zu sein. Und die Werkstatt, die hättest du auf deinen Namen verloren. Sie hätten die Werkstatt einfach irgendeinem Trottel übergeben. Sie wäre weg gewesen. So habe ich dich, wohl bemerkt aus taktischen Gründen verraten, um die Werkstatt zu übernehmen ..."

„Da sagst du es ja selber".

„Um die Werkstatt zu übernehmen, damit wir sie zusammen wieder, nach deiner Entlassung, weiterführen könnten."

„Aber ich wurde zum Tode verurteilt. Dein taktischer Schachzug ging nicht auf."

„Exakt. Als ich von unserem Freund hier", Halim zeigte auf den Soldaten, „die Information erhielt, dass deine Eltern im Militärgefängnis gestorben waren, wusste ich, dass sie dich nicht wieder laufen lassen konnten. Und so begann mein Plan, dich aus dem Gefängnis mit der Hilfe von Felix Toungar herauszuholen, was ja auch geklappt hat. Die Werkstatt allerdings ist jetzt nicht mehr zu halten, da sie mich sicherlich nun als einen der Hauptverdächtigen verhaften würden. Zurück nach N'Djamena kann ich ebenso wenig wie du.

Ich habe alles für deine Flucht riskiert. Du kannst mir, glaube ich, keine Vorwürfe machen."

Paul schaute verlegen zur Seite. Er hatte seinem Freund Unrecht getan, doch wer sollte auch wissen, dass der Verrat kein Verrat, sondern der verzweifelte Weg aus einer verzwickten Situation war. Dass Halim seine Werkstatt für Paul letztendlich geopfert hatte, war Beweis genug für seine freundschaftliche Treue.

„Halim", begann Paul mit bewegter Stimme, „ich habe dir Unrecht getan. Bitte verzeih mir."

„Bitte verzeih mir, dass du so lange im Gefängnis gelitten hast", sagte Halim feierlich, und er stand auf, um seinen Freund und Kriegskameraden zu umarmen.

„Und wer ist nun Felix Toungar?", fragte Paul in Richtung des schweigsamen Gastes.

„Das soll er dir selber sagen. Aber setze dich, bevor du seine Neuigkeit hörst."

Verwundert über die seltsame und geheimnisvolle Ankündigung, setzte sich Paul wieder zu Nala, die seine Hand in die ihrige nahm. Auch sie kannte also schon die Neuigkeit, dachte Paul, als der unbekannte Soldat zu sprechen begann.

„Paul, ich mache es kurz und schmerzlos. Ich bin kein Mensch, der lange um den heißen Brei herumredet. Ich bin dein Halbbruder aus einer Beziehung Kenems mit meiner Mutter."

„Nein! Mein Vater hatte eine uneheliche Beziehung? Wann? Wo? Wer war die Frau?", fragte Paul irritiert über die Nachricht.

„Es wird bestimmt ein Schock für dich sein", sagte Felix Toungar, und er erzählte die Geschichte, so gut er sie kannte. Seine Mutter war vor mehr als zwanzig Jahren Kundin in Kenems Werkstatt gewesen, um dort ihren kleines Auto reparieren zu lassen. Doch der Wagen war so alt und wurde immer reparaturanfälliger, so dass sie immer häufiger die kleine, gemütliche Werkstatt aufsuchen musste, bis sie eines Tages merkte, dass sie auch aus einem anderen Grund geneigt war, Kenem an seinem Arbeitsplatz aufzusuchen. Sie hatte sich in Kenem verliebt. Und auch Kenem verspürte ein heimliches Verlangen nach der Frau, die aus einer wohlsituierten Familie eines Teppichhändlers kam. Für den Vater war die Schwangerschaft ein fürchterlicher Schock, und so bestand er auf eine schnelle Heirat mit dem Sohn eines Geschäftsmanns, der seit langer Zeit ein Auge auf Zarah geworfen hatte und sofort einwilligte. Was sollte Zarah auch tun? Sie liebte den

Mann nicht, doch konnte sich die Liebe nicht wie ein zarter Keimling entwickeln, die dann zu einer großen, stolzen Pflanze heranwuchs? So heiratete Zarah Saleh Toungar und gebar ihm einen prächtigen Sohn. Erst viele Jahre später lernte Felix Pauls Vater kennen und schätzen. Wie Kenem es die Jahre hindurch seiner Frau verheimlichen konnte, blieb ihm jedoch ein Rätsel. Als er von seinem Vorgesetzten erfahren hatte, dass zwei Personen mit den Namen Kenem und Achta N'Dabe in seinem Militärcamp, wo er Dienst hatte, ermordet worden waren, zögerte Felix nicht

eine Sekunde, um seinen Halbbruder aus den blutigen Fängen des Sondergerichts zu befreien. Nachdem Felix seine Geschichte beendet hatte, stand Paul auf, und umarmte seinen neugewonnenen Bruder. Und so erfuhr Paul an jenem Abend auch das grausame, menschenverachtende Schicksal seiner Mutter, die den Freitod dem Leben vorgezogen hatte.

„Und jetzt? Wie geht es weiter?", fragte Paul benommen von den vielen Neuigkeiten und Ereignissen, „was soll jetzt nur werden, Halim?"

„Morgen werden wir unsere Flucht aus dem Tschad planen. Ich habe da so eine Idee."

„Was für eine Idee? Verrate sie uns."

„Wir werden mit einer Salzkarawane mitziehen. Sie wandert in den Norden des Tschads. Von dort aus werden wir die libysche Grenze passieren und in Tripolis ein Schiff suchen, das uns nach Deutschland bringt. Mein Vater wird mir dabei helfen. Er kennt dort einige Geschäftspartner."

„Und unsere Pässe? Hast du auch einmal daran gedacht? Wie sollen wir sie aus unseren Häusern holen, die jetzt mit Sicherheit bewacht werden. Wir können doch nicht mehr zurück."

Halim lief zu einer Schublade hinüber. Von dort schaute er Paul triumphierend an und schwenkte die Pässe in seiner Hand hin und her.

„Ich habe die Pässe vorsorglich mitgenommen", erklärte er dem verdutzt dreinblickenden Paul.

„Schön und gut, aber was ist mit Khadija?"

„Ich komme mit Halim. Es ist der Zeitpunkt zum Aufbruch gekommen. Eine neue, bessere Zeit beginnt für uns."

„In Deutschland", sagte Paul.

„Ja, in Deutschland."

„Oder in Frankreich", sagte Nala.

„Eher in Deutschland. Auf nach Deutschland."

# 7

Sie hatten es geschafft. Erschöpft von den Anstrengungen der Odyssee der letzten Wochen betraten Paul N'Dabe, Nala, Halim Sayed, Khadija Gaba und auch Felix Toungar freudestrahlend das neu errichtete Asylbewerberheim. Sie hatten es wirklich geschafft. Überglücklich fielen sie sich gegenseitig in die Arme. Überwältigt von dem Gefühl der Freiheit, ein Gefühl, das mit der Gewissheit einherging, den Bürgerkriegswirren der letzten Jahre und den politischen Unruhen der Konsolidierungsphase des neuen Machthabers wohlbehalten entkommen zu sein, flossen Tränen der überschwänglichen Freude.

Trotz des Kulturschocks, das sich bei ihnen nach dem Vertäuen des Schiffes und der Übergabe an die deutschen Asylbehörden einstellte, wurde die Gruppe dennoch von einem unbeschreiblichen Gefühl der Sicherheit und Geborgenheit ergriffen. Der Blick von dem Schiff auf die große Stadt hinüber war atemberaubend, aber auch, der Fremde wegen, furchteinflößend. Noch nie, außer Nala, hatten sie eine so große Stadt gesehen, eine Stadt aus Stein, Beton und Asphalt, wo Millionen Autos wie ein Fliegenschwarm umherschwirrten. Ungläubig hatte Paul, bevor er in den Polizeiwagen steigen musste, über die Anzahl der Autofahrer gestaunt, die sich einen BMW oder einen Mercedes leisten konnten. Andere fuhren ebenso große Autos. Dies war ein reiches Land, dachte Paul, und seine Hoffnung wuchs, an dem Wohlstand dieses Landes, dessen Demokratie doch so gefestigt war, ein wenig teilzuhaben. Der Traum von einer eigenen Werkstatt, zusammen mit Halim, nahm konkrete Konturen an, als sie das Gebäude der Asylaufnahme betraten, wo weiße Menschen mit finsteren Blicken neben großen Monitoren saßen, um das Asylverfahren einzuleiten. Auf einer Bank sitzend, warteten sie, von dem missmutigen Mann aufgerufen zu werden, nach vorne zu kommen, um die Personalien aufzunehmen.

„Der Nächste", rief der Mann, der, als er merkte, nicht verstanden worden zu sein, mit dem Arm winkte, um den nächsten Asylbewerber nach vorne zu bitten. Nur zögerlich erhob sich Paul und schritt langsam zum Schreibtisch des Beamten.

„Ja nun machen Sie schon. Ich wollte eigentlich zur Tagesschau zu Hause sein", sagte der Beamte ärgerlich, der Verzögerungen dieser Art hasste. Langsam, die Tasten des Keyboards sorgsam wählend, gab er das für die Aufnahme der Personalien notwendige Programm in den Computer ein.

Aus einem unerklärlichen Grund mochte Paul diesen Mann nicht.

„Wie ist ihr Name?", fragte er und schaute Paul prüfend an.

„*Je m'apelle Paul N'Dabe.*"

„Können Sie Deutsch?"

Paul verstand seine Frage nicht und schüttelte verlegen den

Kopf.

„Können Sie wenigstens Englisch?"

Paul zuckte verlegen mit seinen Schultern. Verärgert über die nächste Verzögerung, stand der Mann vom Schreibtisch auf und verließ den Raum, um nach wenigen Minuten mit einem Dolmetscher zurückzukommen, der sich nun dicht neben Paul setzte.

„Also noch einmal von vorne. Wie ist ihr Name?"

Paul war froh, seine vertraute Sprache zu hören, und beantwortete alle Fragen bezüglich seiner Stammes- und Religionszugehörigkeit so gut er konnte, während der Beamte die Antworten des Dolmetschers mit Bedacht in seinem Computer eingab, musste er doch ab und zu seine Tippfehler mit dem rückwärts laufenden Cursor korrigieren. Erneut schaute der Beamte Paul prüfend an, denn es galt nun, eine wichtige Frage zu beantworten. Eine Frage, die über den Erfolg des Asylantrags wesentlich entscheiden würde.

„Herr N'Dabe, warum sind Sie aus dem Tschad geflüchtet?"

Es war eine Frage, so einfach gestellt und doch so schwer zu beantworten. Paul überlegte eine lange Zeit, bevor er antworten konnte. Wo sollte er beginnen? Welche Angaben waren für den Beamten wichtig? Und so begann Paul in Anbetracht der wiederkehrenden qualvollen Erinnerungen zögerlich und stockend nicht nur sein Leben und das der Eltern von vorne aufzurollen, er begann auch, so gut er es wusste, über die leidvolle Geschichte des Tschads zu berichten, da er hoffte, dass der Beamte die politische Situation verstehen würde. Nachdem der Dolmetscher die Ausführungen Pauls übersetzt hatte, beugte sich der Beamte aus dem wohlhabenden Deutschland zu Paul leicht herüber.

„Wollen Sie mir erzählen, dass das alles wahr ist? Sie wurden willkürlich für eine öffentliche Hinrichtung ausgewählt und erschossen einen zu Tode Verurteilten, retteten dann gemeinsam mit Ihrem Vater einen Reporter, einen Regimegegner und Zeuge dieser seltsamen Art der öffentlichen Hinrichtung, Ihr Vater wurde daraufhin verhaftet und zu Tode gefoltert, ihre Mutter beging Selbstmord in der Gefangenschaft, Sie wurden gefoltert und Sie töteten auf der Flucht einen der Gefängniswärter? Mann, das ist ja wohl ein bisschen stark übertrieben, was?"

Paul erschrak, als er erfuhr, dass der Mann ihm nicht glaubte. Für einen Augenblick schien Paul die Fassung zu verlieren. Unter den erstaunten, aber auch besorgten Blicken seiner Freunde, die den Grund Pauls Erregung nur erahnen konnten, stand Paul von seinem Stuhl auf und schaute auf den Beamten hinunter.

*« C'est vrai, Monsieur! C'est vrai!"*

"Er sagt, dass die Geschichte wahr sei", übersetzte der Dolmetscher in einem eindringlichen Ton, dem Paul Leid tat.

„Setzen Sie sich erst einmal wieder hin", befahl der Beamte, bevor er fortfuhr, seine Zweifel an der Geschichte anzubringen, „sie sagen, ihre Eltern sind tot. Und sie haben weder die Leichen noch die Gräber gesehen. Sie besitzen auch keinen Totenschein oder derartiges. Sie mussten fliehen, weil ihr Halbbruder und Ihr Freund dahinten Sie aus dem Gefängnis herausgeholt hatten. Mann, das ist doch eine Abenteuergeschichte, die ich Ihnen nicht abnehme, aber ich bin ja nicht der Richter, der über den Asylantrag entscheidet."

Nur schwer war Paul zu beruhigen, spürte er doch, dass eine Missbilligung der wahren Begebenheit durch den Beamten seinen Asylantrag und denen seiner Freunde gefährden konnte. Immer wieder versicherte er die Wahrheit und Richtigkeit seiner Angaben.

„Ja, ja, ist ja schon gut. Setzen Sie sich wieder. Sie sind Katholik, richtig? Wie heißt denn der Bischof ihrer Diözese, mhm?"

Triumphierend schaute der Beamte den Asylantragsteller an und fügte eine Frage hinzu, von der er ebenso hoffte, dass Paul sie nicht beantworten konnte.

„Wie heißt denn Ihre Diözese überhaupt?"

Paul erstarrte

*« Je ... je ..je ne sais pas, Monsieur. »*

„Ich habe es gewusst. Es ist doch alles nur eine an den Haaren herbeigeführte Geschichte. Aber ich bin ja nicht der Richter. Zum Glück für Sie."

Eher belustigt schaute nun der Beamte Paul in die Augen, der ihn überführt zu haben glaubte.

„Sagen Sie einmal, wie sind Sie denn überhaupt nach Deutschland gekommen? Mit der Concorde vielleicht? Oder mit einem Heißluftballon?"

Paul wusste nicht, ob er die Frage noch beantworten sollte, war ihm doch die Arroganz des feisten deutschen Beamten bewusst geworden. Dennoch beantwortete er höflich die Frage.

„Mit der Salzkarawane."

„Das ist ja noch besser als mit der Concorde", prustete der Mann hinter dem Schreibtisch hervor und tippte kichernd die Angaben in den Computer, „mit der Salzkarawane. Das ist gut. Das ist wirklich gut."

Paul wurde klar, dass die Welt, die er verlassen hatte, eine fremde Welt für den deutschen Beamten war.


# 8


„Steh auf. Wir müssen weiter. Hörst du? Es wird Zeit aufzubrechen."

Halim schüttelte erneut Pauls Schulter, der nur mühsam

erwachte. Die anderen saßen bereits vor dem kleinen Lagerfeuer und schlürften heißen Tee und aßen zum Frühstück aufgewärmten Hirsebrei. Es war bitter kalt am frühen Morgen. Der Sand war noch eiskalt. Die Luft war noch erfüllt von einer Frische und Klarheit, die sich jedoch, sobald die Sonne über der Hügelkette aufsteigen würde, schnell erhitzen würde. Noch war die Sonne nicht mehr als eine blasse Lichtscheibe am Horizont, die fahles Licht zu ihnen herüberwarf. Doch die Spitzen der Dünenkämme umgab bereits der gelbe Glanz der Morgensonne. „Paul, wach endlich auf. Wir ziehen gleich weiter", rief Nala mit lauter Stimme, die zu Halim herübergelaufen war, um Halims Nachsichtigkeit endlich zu unterbinden, denn die Zeit drängte, und sie hatten noch nicht, wie versprochen, den Tuaregs beim Beladen der Kamele geholfen. Eine kleine versprengte Gruppe der Tuaregs hatten sich am Tschad-See niedergelassen. Sie hatten nichts mit dem Bild des Ritters der Wüste, der mit blitzenden Augen unter dem dunklen Schleier, stolz auf einem Dromedar sitzend, seine Feinde stumm anvisierte, gemeinsam. In der hierarchisch gegliederten Gemeinschaft der Tuaregs gehörten die Karawaniers der sozialen Schicht der *imrads* an, Untertanen der adligen *imuhar*, die sich zu einer Karawanengruppe zusammengeschlossen hatten und sich eher recht als schlecht durchs harte, entbehrungsreiche Leben schlugen. Langsam erwachte Paul aus seinem tiefen Schlaf. Seine Glieder schmerzten, als er, noch rückenlahm, unter großer Mühe von dem harten Boden aufstand.

„Kannst du mich nicht ein wenig zärtlicher wecken?", fragte er Nala, die für seine humorvolle Bemerkung keinen Sinn hatte.

„Mach voran. Wir müssen noch die Kamele beladen. Und sie wollen gleich los".

Paul bewunderte Nalas Widerstandsfähigkeit, die ohne Murren, ohne das geringste Anzeichen einer Erschöpfung, die qualvollen

Strapazen der vierzehn- oder gar sechszehnstündigen Tagesmärsche in der elenden Hitze durchstand. Sie war eben ein hartes, zähes Tubu-Mädchen, die es von Kind auf gewohnt war, solche Strapazen auf sich zu nehmen, beruhigte Paul sein manchmal auftretendes Minderwertigkeitsgefühl, der sehr unter den kargen, menschenfeindlichen Lebensbedingungen litt. Doch auch Halim, Khadija und Felix zeigten bereits Anzeichen einer tiefen Erschöpfung. Um sechs Uhr morgens gingen sie in der Regel los. Manchmal ritten sie auf den Kamelen und passten sich dem schaukelnden Rhythmus ihrer Bewegungen an, doch sobald der Weg an Schwierigkeit zunahm, mussten sie absteigen und neben den Kamelen herlaufen. Es gab keine Erholungspausen. Gegessen, ja sogar Tee getrunken, wurde im Gehen. Um neun Uhr, wenn sie Glück hatten, oder gar erst um zehn Uhr abends wurde ein Rastplatz für die Nacht ausgesucht. Der heutige Tag sollte die Karawane, die Salz und Datteln in Bilma aufladen würde, um sie gegen Hirse einzutauschen, einen Brunnen passieren. In vier Tagen, so rechnete der Karawanier, würden sie die Oase im Niger erreichen. Von dort mussten sie eine Karawane finden, die sie über die Grenze nach Libyen bringen würde. Von dort würde es schon irgendwie zur Küste weitergehen. Die immer noch drohende Gefahr, durch vermintes Gebiet im Norden des Tschads ziehen zu müssen, hatte Halim veranlasst, die Fluchtroute zu ändern.

Der Geruch des Lagerfeuers zog Paul magisch an. Schwerfällig, seinen Rücken mit den Händen abstützend, hockte er sich nieder und trank den von seinem Halbbruder angebotenen Morgentee. Paul hatte sich an Felix sehr schnell gewöhnt und empfand die verwandtschaftliche Beziehung als eine Bereicherung seiner sozialen Beziehungen. Paul wusste, dass er tief in Felix Schuld stand, der, wie Halim, seine berufliche

Existenz und vielleicht auch sein Leben für Paul aufs Spiel gesetzt hatte. Doch es blieb keine Zeit zum Plaudern. Das Zeichen zum Aufbruch war erfolgt. Khadija hasste es nicht so sehr wegen der körperlichen Anstrengung, die Kamele zu beladen, viel mehr fürchtete sie sich vor dem Biss, wenn sie die Kamele am Hals packen musste, um sie zum Hinlegen zu zwingen. Nala hatte bereits das erste Tier gewandt an der Unter- und Oberlippe gepackt und drehte den Kopf so lange nach hinten, bis es, ohne zu brüllen, nach hinten umstürzte. Flink fesselte sie die Beine des Lastkamels, damit es nicht während der Beladung aufspringen würde. Khadija, die Nala für ihre Fähigkeit bewunderte, näherte sich langsam dem friedlich dreinschauenden Kamel. Sie hatte das Gefühl, als würde „Vielfraß", so hatte Khadija das Tier wegen seines ungeheuren Appetits genannt, hochnäsig auf sie herabblicken. Vielleicht waren es ihre langen Wimpern oder die halbgeschlossenen Augen, mit denen es verschlafen oder eher gelangweilt auf Khadija hinunterschaute.

„Komm her, Vielfraß. Na komm schon", flüsterte Khadija „Vielfraß" ins Ohr und packte auf einmal mit einem heftigen Ruck seinen Kopf und schrie fürchterlich auf.

„Sie hat mich schon wieder gebissen. Ich verstehe es nicht. Du blödes Vieh, du!", rief sie laut auf, so dass Halim mit einem Satz bei ihr war, um ihr zu helfen. Doch hatte er nicht viel Zeit, da er bei den Jungtieren gebraucht wurde, die sich hartnäckig gegen das Beladen wehrten. Sie brüllten aus allen Leibeskräften, wanden sich verzweifelt gegen das Hinunterdrücken auf den Boden und traten mit ihren Vorderbeinen aus, doch es half nichts. Zu dritt oder gar zu viert konnten die Jungkamele endlich gebändigt werden. Noch hatten sie relativ wenig zu beladen. Für den Zeitraum eines Monats führten die aus dreizehn Kamelen bestehende Karawane Brennmaterial, Holzkohle, die zum

Verkauf in Bilma vorgesehen war, Lastsattelstangen, Packnetze, Proviant und Wasser mit. Nachdem die Kamele beladen worden waren, setzte sich die kleine Karawane in Bewegung.

Unaufhaltsam schob sich die Reihe schwankender Kamele durch das Morgengrauen. Noch einmal seinen Chech kontrollierend, der ihn vor der strahlenden Sonne und dem Sand schützte, gab Paul sich der Monotonie des Rhythmus hin. Sanft hin- und her schaukelnd, die Füße auf dem Hals seines Kamels abgestützt, war er froh, vorerst nicht laufen zu müssen, denn noch stand ein langer Tagesmarsch bevor. Am Anfang hatte es allen, bis auf Nala, Schwierigkeiten bereitet, nicht von der Rahla, dem hölzernen Sattel der Tuaregs, der vor dem Höcker des Kamels angebracht war, herunterzufallen. Es war eine wackelige Angelegenheit, und die Furcht herunterzufallen von dem hohen Rücken des Kamels, führte anfänglich zu Verkrampfungen. Felix landete beim ersten Reitversuch bäuchlings auf dem Boden, als sein Kamel mit den Hinterbeinen zuerst aufstand und Felix unerwarteter Weise nach vorne schoss. Die Monotonie der schaukelnden Bewegungen barg die Gefahr der Ermüdung, doch wer von oben hinunterfiel, musste mit schlimmen Verletzungen rechnen.

Die Sonne stieg schnell auf. Noch immer befanden sie sich in der Sandwüste des Erg de Bilma, die sich in ihrer immensen Weite in langen, unendlichen Sandwellen vor ihnen erstreckte. Der Himmel war wolkenlos. Ein leichter Wind wehte über die Dünenkämme hinweg und produzierte einen feinen Sandschleier, der zu ihnen herüber getragen wurde und die nassgeschwitzten Hemden verkrustete. Doch es gab keine Pause, sich des Hemdes zu entledigen oder es auszuwaschen. Voran ging es. Immer geradeaus. Am gläsernen Horizont flirrten die erhitzten Luftmassen unter einem herrlich blauen Himmel und produzierten Spiegelbilder einer weißblauen

Seenlandschaft, eingefangen in einer orangegelben Dünenlandschaft. Nach zwei Stunden mussten sie zum ersten Mal absteigen. Die pyramidenförmige Sanddüne war zu steil, um sie hinaufzureiten. Der Sand brannte heiß unter ihren Füßen, als sie schwitzend und keuchend von dem mühseligen Versuch, im weichen Sand Schritt zu halten, neben den Kamelen den Wellenkamm erklommen. Doch kaum war das Ziel erreicht, eröffnete sich eine neue sandige Pyramidenlandschaft, als ob das neue Ziel das alte wäre. Die Erde schien sich mit ihnen zu bewegen, dachte Halim, der einen Schluck Wasser, das nach Gerbsäure schmeckte, aus dem *guerbas* trank. Nur nicht entmutigen lassen. Weiter stapfte die Gruppe durch den tiefen Sand. Doch auch die Kamele litten unter den harten Bedingungen der Wüste. Einige Tiere hatten sich zum Leidwesen der Karawaniers, für die ein Kamel das größte Geschenk Allahs war, im scharf schneidenden Sand die Sohlen blutig gelaufen. Tief im Sand eingesunken, kämpften sie sich tapfer, vor Schmerz brüllend, den Dünenkamm hinauf. Weiter ging es. Immer weiter. Nur nicht stehen bleiben. Die Hitze wurde unerträglich. Schatten gab es keinen. Irgendwann wurde eine Schüssel Hirsesoße herumgereicht, die im Gehen geschlürft wurde. Die Zeit verstrich zeitlos. Irgendwann hatten sie wieder die Rücken der Kamele erklommen und ritten im Schaukelgang wie Wüstengeister durch einen zeitlosen Tagtraum einer flirrenden Irrealität, der Bilder der Vergangenheit in den heißen Köpfen der Flüchtenden produzierte. Nur das leise Säuseln des heißen Wüstenwinds durchbrach die absolute Stille des Erg de Bilma. Irgendwann begegneten sie eine schwer beladene Karawane von mindestens fünfzig Kamelen, die große Salzplatten auf den Rücken befestigt hatten. Doch dann wurden sie wieder von der einsamen, unendlichen Weite des Dünenmeeres verschlungen.

Doch langsam wichen die Hitzeschleier einem rötlichen

Abendlicht, das sich am Horizont entfaltete. Bald würden sie die Wasserstelle erreicht haben und die Tiere tränken, bevor sie den letzten Teil der Wegstrecke in Angriff nahmen. Um acht Uhr abends hatte die kleine Karawane die Wasserstelle erreicht, wo bereits eine weitere Karawane angekommen war, um ihre Tiere zu tränken. Nach zwei Stunden des Wartens wurde Khadija von den Karawaniers für den reibungslosen Ablauf des Tränkens der Tiere ausgewählt. Mit einem Stock bewaffnet, führte sie jedes Tier einzeln zum Brunnenrand, um dann mit einem Schöpfeimer das Wasser aus der Tiefe des Brunnens hoch zu hieven. Doch zur Verwunderung Khadijas verweigerte das erste Tier das Wasser. „Trink endlich. Du sollst trinken, du blödes Vieh, du."

Es war offensichtlich, dass Khadija den Umgang mit Tieren nicht verstand, dachte Halim, der ihr wieder einmal zur Hilfe kam, um ihr beim Tränken der Tiere zu helfen. Doch auch Halim hatte keinen Erfolg. Einige Tiere mieden das natronhaltige Wasser und zogen es lieber vor, auf das Wasser für die nächsten drei Tage zu verzichten. Paul und seine Gruppe füllten ihre *guerbas* mit der brackigen Brühe bis zum Rand, hatten sie doch bewusst den letzten Rest ihres Wassers in der Gewissheit, hier neues zu erhalten, aufgebraucht. Der kleine überlastete Brunnen war nach der zweiten Karawane leergeschöpft, und es würde einen Tag in Anspruch nehmen, bevor das Wasser nachgelaufen war.

Nachdem sie die Tiere abgeladen, getränkt und an den Beinen gefesselt hatten, trat Ruhe im Lager ein. Erschöpft ließ sich Paul am Lagerfeuer auf seine Strohmatte nieder, wo Khadija und Nala beim Zubereiten des Essens halfen. Ein weiterer beschwerlicher Tag war vorüber. Langsam kroch die eisige Kälte in ihre Kleider, ließ ihre Muskeln erstarren. Nach nur einer kurzen Zeit am Lagerfeuer überfiel die Gruppe eine lähmende Müdigkeit. Nur noch drei Tage bis Bilma. Und dann noch zweitausend Kilometer. Drei Tage, die gekennzeichnet sein würden vom Fieber Pauls und Felix, von den Magenkrämpfen und schwerer Diarrhö Khadijas und Halims. "Das Wasser hier macht krank", hatte der Führer der Karawane gesagt, doch sie hatten ihn nicht verstanden. Niemand von ihnen sprach Tamaschek.

# 9

Es hatte draußen zu regnen begonnen. Die dicken, schweren Regentropfen trommelten gegen die Fensterscheiben des Verhörzimmers. Paul wusste nicht, ob der beißende Sarkasmus des Beamten oder die empfindliche Kälte an diesem frühen Sommertag Grund seines Fröstelns war. Der Himmel hatte sich verdunkelt. Noch immer musste er dem deutschen Beamten Rede und Antwort stehen.

„Mit der Salzkarawane. Ja, ja. Und das soll ich Ihnen glauben, was? Die gab es vielleicht vor hundert Jahren, doch nicht heute mehr. Habt ihr bei euch Schwarzen da unten keine LKWs, die das Zeug transportieren?", fragte er höhnisch grinsend.

Paul schüttelte ungläubig seinen Kopf. Hätte er ihm sagen sollen, dass der hohe Benzinverbrauch eines LKWs in der Wüste 150 Liter auf einhundert Kilometern lag, dass die Einnahmen somit gerade einmal die Betriebskosten decken würden und dass es in der Tat noch Karawanen gab? Er ließ es bei einem ungläubigen Kopfschütteln bewenden und schaute seine Freunde, die geduldig auf die Aufnahme ihrer Personalien warteten, hilflos an.

„Und wie sind Sie dann an den libyschen Frachter gekommen, der Sie hierher gebracht hat?"

„Wir haben uns an einem günstigen Moment an Bord geschlichen, als die Ladekräfte eine Pause einlegten."

"Als blinde Passagiere also."

*„Exactement."*

„Da haben Sie aber Glück gehabt, dass die Mannschaft Sie und ihre Gruppe nicht auf hoher See einfach über Bord geworfen haben", sagte der Beamte am Ende der Befragung, das wie ein heimlich gehegter Wunsch klang, der zum Leidwesen des Beamten nicht in Erfüllung gegangen war. So musste er einige Minuten lang an seinem Computer weitere Daten ein- und nachtragen und wendete sich schließlich ein letztes Mal mit einem vom Drucker geschriebenen Dokument an Paul N'Dabe, der froh war, bald den dunklen Raum verlassen zu können.

„Hier. Bestätigen Sie die Richtigkeit Ihrer Angaben und unterschreiben Sie da unten", sagte er kurz angebunden, mit seinem dicken Zeigefinger auf die gestrichelte Linie hinweisend, und legte einen Kugelschreiber neben das weiße Blatt, das Paul, nachdem der Dolmetscher den Inhalt genau übersetzte hatte, breitwillig unterschrieb.

„Aufgrund eines Sondererlasses haben wir für Sie ein ganz neues Asylbewerberheim in einem kleinen, gemütlichen Ort am Rande des Ruhrgebiets ausgesucht, wo Sie sich bis zur Bearbeitung des Asylantrags aufhalten müssen. Verstanden?"

# 10

Das Asylbewerberheim lag im nördlichen Stadtteil des kleinen, gemütlichen Ortes am Rande des Ruhrgebiets. Es war ein schmuckloses, aber sauberes Gebäude, das nur für die bestimmte Funktion der Unterbringung von Asylsuchenden konstruiert worden war. Wäre nicht eine Vielfalt von

Nationalitäten aus dem afrikanischen, arabischen und asiatischen Raum dort untergebracht gewesen, so hätte der Besucher dieses gemütlichen Ortes das eher unauffällige dreigeschossige Gebäude für eine nette Jugendherberge halten können. Herr Maier, der Heimleiter, hatte Paul und seiner Gruppe nur ein Vierbettzimmer zur Verfügung stellen können, so dass Felix Toungar aus freien Stücken sich entschlossen hatte, das zweite Zimmer nebenan mit drei Asylbewerbern aus Sri Lanka und Zaire zu teilen. Obwohl die Zimmer spartanisch und nur mit dem Nötigsten eingerichtet waren, waren sie von der Sauberkeit des Zimmers beeindruckt. Ein großes Fenster öffnete den Blick auf einen zweihundert Meter entfernt beginnenden grünen Tannenwald. Noch nie hatte die Gruppe, bis auf Nala, einen Wald gesehen. Besonders das mit blauen Fliesen eingerichtete Badezimmer mit dem großen Waschbecken und den zwei glänzenden Spiegeln hatten es Khadija angetan, und sie hatte es sich nicht nehmen lassen, sofort die Dusche zu benutzen, um sich unter dem heiß dampfenden Wasserstrahl ein wenig von der anstrengenden Fahrt aus Hamburg, wo sie zwei Tage im Auffanglager verbracht hatten, zu erholen, während Paul, Halim und Nala begannen, sich in dem Zimmer einzurichten. Überwältigt von den vielen neuen Eindrücken des fremden Landes, ergriff Paul eine plötzlich einsetzende Müdigkeit, und er legte sich auf sein Bett, um ein wenig Ordnung in seine aufgewühlten Gefühle zu bekommen.

„Fehlt dir was, Paul?", fragte Halim besorgt, der damit beschäftigt war, seine wenigen Habseligkeiten in dem Schrank neben seinem Bett zu verstauen.

„Ich weiß nicht. Ich bin plötzlich so müde. Die vielen Eindrücke, verstehst du?"

„Das wird sich legen. Glaube mir, ich weiß, wovon du sprichst", sagte Nala liebevoll, „du bist in einer gänzlich neuen Welt."

„Aber ist die Welt auch besser? Es ist die Welt der Weißen."

„Wie kannst du das sagen? Wir sind doch geflohen aus einem Land des ewigen Terrors, um unsere Glück hier zu finden", sagte Halim, besorgt über die Melancholie seines Freundes, „Deutschland ist ein demokratisches Land, in dem alle Menschen gleich behandelt werden."

„Ja, ich weiß. Aber der Beamte wollte mir nicht glauben. Er hatte mich ausgelacht. Er wusste nichts über unser Land. Und diese Menschen wollen über unser Schicksal hier in Deutschland entscheiden? Was ist, wenn wir ausgewiesen werden? Uns allen droht die Todesstrafe bei unserer Rückkehr. Und wenn der neue Präsident uns allen verspricht, in unser Land zurückkehren zu dürfen, ohne von seinen Schergen verhaftet und gefoltert zu werden, glaubt ihm nicht. Hört ihr? Glaubt ihm kein einziges Wort seiner Versprechungen."

„Paul, beruhige dich. Der Richter ist ein weiser Mann. Er wird unser Land und die politische Situation bestimmt kennen", versuchte Nala Pauls kummervollen Gedanken zu zerstreuen, „wir sind hier in Sicherheit."

„Aber sind wir wirklich frei?"

Ein nachdenkliches Schweigen erfüllte das Zimmer. Das Plätschern der Dusche drang aus dem Bad zu ihnen herüber. Khadija sang ein altes afrikanisches Lied unter der Dusche.

# 11

„Hast du die Blicke der Bewohner gesehen?", fragte Kahdija Nala nach dem ersten Tag der Stadterkundung, „vor allem die Blicke der Männer."

„Es war fürchterlich. Sie sahen uns weniger feindselig, dafür eher lüstern an, sagte Nala, "ich mag sie nicht - die weißen Männer."

„War es in Paris anders?"

„Ja."

„Wie anders?"

„Sie starrten mich nicht so fürchterlich an."

„Sie haben uns Wörter hinterher gerufen."

„Ich habe sie nicht verstanden."

„Wir müssen Deutsch lernen, um zu verstehen, was sie über uns sagen."

„Es war nicht nett, was sie gesagt haben."

„Nein, es war ganz bestimmt nicht nett. Ihre Blicke verrieten ihre Worte."

„Hast du Angst?"

„Ja, ein wenig. Aber vielleicht ist es einfach nur die fremde Umgebung und die Sprache, die wir nicht verstehen, die uns Angst bereitet."

„Vielleicht. Wo sind Paul und Halim?"

"Sie sind beim Heimbewohner und bitten um einen Stadtplan", sagte Kahdija, „sie wollen noch eine Autowerkstatt besichtigen, die sie heute flüchtig an einer Straßenecke gesehen haben."

„Jetzt noch? Haben sie nicht genug von dem Tag?"

„Es ist doch ihr Traum. Sie wollen sie einfach nur anschauen. Aber du hast Recht, es war schlimm. Hast du gesehen, wie wütend Felix war, als der Busfahrer kurz vor dem Erreichen des Busses die Tür schloss und anfuhr. Er hätte Felix beinah noch überfahren."

„Aber die stummen Blicke sind schlimmer, Khadija."

„Oder ihre stummen Handlungen."

„Du hast Recht. Warum war der Mann von der Bank aufgestanden, als sich Paul und Halim dort hinsetzten, um ihr Eis zu essen?"

„Und du, Nala? Warum wurdest du in dem Geschäft nicht bedient, wo es die schönen Sachen zum Anziehen gab?"

„Sie haben Angst vor uns."

„Warum?"

„Weil wir schwarz sind?"

„Sie haben Angst vor uns, nur weil wir schwarz sind? Ich habe keine Angst vor den Weißen."

„Weil wir Fremde sind für sie. Weil sie uns nicht kennen und nicht wissen, wer wir sind. Weil sie unsere Sprache nicht kennen. Weil sie mit Vorurteilen aufgewachsen sind. Weil sie unser Land nicht kennen gelernt haben. Es gibt viele Gründe, die in ihnen Angst erzeugen."

„Angst vor uns?"

„Sie haben Angst, weil sie denken, wir würden ihnen ihre Arbeit wegnehmen."

„Sie müssen sich an uns gewöhnen."

„Werden sie sich an uns gewöhnen?"

# 12

„WIR WOLLEN KEINE AUSLÄNDERSCHWEINE! WIR WOLLEN KEINE AUSLÄNDERSCHWEINE!"

Die Meute der Glatzköpfe stand am späten Abend vor dem Eingang des Asylbewerberheims und skandierte Hasstiraden in Richtung des Asylbewerberheims, wo sich niemand an die Fenster traute. Kein Licht brannte in dem Haus. Vorsorglich hatte der Heimleiter die Tür verschlossen und die Polizei alarmiert, die aber auf sich warten ließ.

„ASYLANTEN RAUS! ASYLANTEN RAUS! ASYLANTEN RAUS!"

Auch Mitglieder der PARTEI standen vor dem Eingang, mit brennenden Fackeln in der Hand, und warfen kleine Kieselsteine zur Einschüchterung der Bewohner gegen die Fensterscheiben. Der Anführer, der etwas abseits stand und befriedigt das teuflische Werk seiner Demagogie betrachtete, hielt die lodernde Fackel in der Hand. Könnte er sie doch nur durch das geschlossene Fenster auf eines der Betten werfen und einen der Asylanten zu Tode erschrecken! Doch er musste Geduld haben. Geduld war nun verlangt. Das Pech tropfte dampfend auf den Boden herunter. Der helle Lichtschein der Fackel fiel auf die wutverzerrte Fratze des Anführers.

## 13

„Ich habe Angst", flüsterte Khadija, die sich aus Furcht vor dem lauten Gebrüll auf der Straße eng an Halim geschmiegt hatte, „ich habe fürchterliche Angst."
Auf dem Boden sitzend, weit genug vom Fenster entfernt, nahm Halim seine Freundin noch fester in die Arme. Ihr heftiges Zittern erschreckte ihn mehr als die lauten Rufe des Pöbels, der nun erneut Kieselsteine gegen die Fensterscheibe warf, die mit einem klickenden Geräusch von der Scheibe abprallten. Die Fackeln warfen ein fahles, gelblichweißes Licht in ihr dunkles Zimmer und projizierte kleine flimmernde Lichtpunkte an der weißen Zimmerdecke.
„Warum tun sie das?"
Neugierig stand Nala vom Boden auf und bewegte sich in Richtung des Fensters. Sie wollte die Menschen sehen, die ihr eine fürchterliche Angst einjagten. Eine Angst, wie sie feststellen

musste, die sich in nichts von der Angst der politischen Verfolgung im Tschad unterschied.

„Runter, Nala! Bist du wahnsinnig! rief Paul ihr angsterfüllt zu und zerrte sie auf den Boden runter, "wer weiß, was sie machen, wenn sie dich am Fenster sehen."

„Ich will sie sehen, Paul! Ich will sehen, wie sie aussehen, die uns wieder in Angst und Schrecken versetzen. Sind wir nicht geflohen, um dieses Gefühl endlich loszuwerden? Und nun ist es wieder da."

Nala rappelte sich erneut vom Boden auf und schaute vorsichtig, mit dem Rücken an die Wand gelehnt, aus dem Fenster heraus.

„Was kannst du sehen?", fragte Felix, der vom Nachbarzimmer zu ihnen herübergekommen war.

„Ich sehe viele kleine Feuer. Ich sehe ihre Gesichter. Es sind Totenköpfe. Ihre Blicke sind hasserfüllt. Mein Gott, sie hassen uns."

Khadija begann zu weinen. Ihr Körper bebte in Halims Armen, der nicht wusste, wie er ihr helfen konnte.

„Was sollen wir nur machen?", fragte Felix, erschrocken über die ungewohnte Hilflosigkeit, die ihn ergriffen hatte.

„Da! Jetzt werfen sie wieder Kieselsteine", berichtete Nala vom Fenster aus, „wir müssen weg, hört ihr? Wir müssen Deutschland verlassen. Irgendwann werfen sie keine Kieselsteine mehr."

„Aber wir sind doch erst hier vor ein paar Tagen angekommen. Müssen wir sogar aus Deutschland fliehen?", fragte Khadija und schaute verzweifelt zu Halim auf, der sie zärtlich küsste. Fragend schaute er Nala an, die immer noch am Fenster im Schutz der Dunkelheit stand.

„Wohin willst du gehen, Nala?

„Nach Frankreich", flüsterte sie, ohne sich umzudrehen.

„Ist es dort besser?"

„Ja, viel besser. Die Deutschen hassen uns."

# 14

„Da ist die Werkstatt, die wir vorgestern gesehen haben!", rief Paul Halim aufgeregt zu, „ob wir hineingehen sollen?"

„Ich weiß nicht. Sie werden uns verjagen", war die skeptische Antwort Halims, der seit der vorletzten Nacht die Hoffnung auf eine glückliche Zukunft in Deutschland verloren hatte. Die Polizei war erst eine gute Stunde nach dem Anruf des Heimleiters erschienen, um die Skinheads zu vertreiben. Festnahmen gab es keine. Der Schreck saß noch tief. Khadija war entschlossen, Deutschland zu verlassen. Immer wieder hatte sie in den letzten zwei Tagen nervös aus dem Fenster geschaut, als erwartete sie eine neue Welle des Hasses. Das Heim hatte sie seitdem nicht mehr verlassen. Unter diesen Bedingungen war es vielleicht doch besser, wie Nala es vorgeschlagen hatte, von Neuem aufzubrechen, um nach Frankreich zu flüchten, dachte Halim verbittert. Arbeiten, das hatten sie heute von der Heimleitung erfahren, durften sie auch nicht.

„Was ist, Halim? Hast du Angst hineinzugehen?", fragte Paul, der bereits in die Werkstatt, dessen Tore offen standen, vorsichtig hineinlugte, wo ölverschmutzte Arbeiter in blauen Overalls, die auf der Brust den Schriftzug der Firma trugen, an fünf Hebebühnen mit der Reparatur der kostbaren Autos beschäftigt waren. Blechern klingende Schlagermusik von einem billigen, verbeulten Transistorradio, dessen lockere Antenne an der Wand angelehnt war, drang zu ihnen herüber.

In ihrer Arbeit versunken, lagen die KFZ-Mechaniker unter den geöffneten Motorhauben vornübergebeugt über den defekten Motoren oder inspizierten den Unterboden der auf blanken, eisernen Rundsäulen hochgehievten Autos. Paul nahm sein Herz in die Hand und betrat vorsichtig die Werkstatt seiner Träume. Noch nie hatte Paul eine so große Werkstatt gesehen, wo mehrere Autos draußen geparkt waren, die es noch zu reparieren galt. Ein Mechaniker, der gerade mit einem Abgastest beschäftigt war und ein Formular ausfüllte, erblickte Paul als erster und schaute ihn misstrauisch an.

*„Parlez-vous francaise?"*, fragte Paul höflich, in der Hoffnung, einen Mechaniker antreffen zu können, der ein wenig Französisch sprach.

„Äii, ihr da! Verpisst euch hier. Wir ha'm zu tun", sagte der Mechaniker unfreundlich und wendete sich wieder dem Ausfüllen des Formulars zu, das seine ganze Aufmerksamkeit erforderte. Paul hatte ihn nicht verstanden, doch er merkte an dem Tonfall und der Gestik, dass er unerwünscht war. Erneut schaute der Mechaniker hoch. Sein Gesicht drückte Abscheu aus.

„Kannse mich nich versteh'n oder wat? Ihr sollt euch verpissen. Macht' n Abgang. Dat sach ich euch zum lezzen Mal."

Seine abweisenden Handbewegungen unterstützten seine Worte. Paul drehte sich enttäuscht um und folgte Halim, der bereits die Halle verlassen hatte.

„Heinz, hasse Probleme mit den Schwatten da? Die sind bestimmt vonnem neuen Asylantenheim. Wat woll'n die hier?"

# 15

„Da sind sie! Sie haben es gewagt, in die Stadt zu kommen! Los, dir holen wir uns!"

Die Menschenjagd hatte begonnen. Eine elfköpfige Gruppe von den PARTEI-Mitliedern hatte Felix Toungar und seine drei Zimmernachbarn aus Sri Lanka und Zaire in der Stadt gesichtet und stürzte auf sie los. Felix rannte um sein Leben. Rechtzeitig genug hatte er den Mob noch entdeckt und eine Warnung an seine drei Zimmernachbarn ausstoßen können, die nun instinktiv in verschiedene Richtungen davonliefen. Immer mehr von der PARTEI beteiligten sich an der Jagd, die an verwunderten Passanten vorbei, quer durch die Innenstadt verlief. Felix rannte die Hauptgeschäftstraße entlang. Der Pöbel war dicht hinter ihm. Sie mussten eine Abkürzung genommen haben, dachte Felix, als er an der Bushaltestelle am Bahnhof vorbeirannte, wo die wartenden Fahrgäste die Asylanten als Hauptschuldige der nun häufiger auftretenden Unruhen in ihrem kleinen, gemütlichen Ort am Rande des Ruhrgebiets bereits identifiziert hatten. Schließlich gab es erst diese ärgerlichen Unruhen, seitdem die Neger aus Afrika hier waren. Immer noch dicht gefolgt von dem Mob, sah Felix auf der rechten Straßenseite seinen zairischen Zimmernachbarn auf dem Boden liegen, der von sechs Rechtsradikalen umringt, brutal zusammengeschlagen wurde. Doch Felix konnte nicht helfen. Er musste zurück. Zurück zur Geschäftstraße. Er durfte nicht in ein einsames Stadtviertel laufen. Während des Laufens spürte Felix seine gute Kondition. Er war verwundert darüber. Nach all den Strapazen und Torturen der Flucht. An entgegenkommenden Passanten vorbei, denen er ausweichen musste, flüchtete Felix zurück zur Hauptstraße. Für einen kurzen

Moment blieb er stehen, um seine Verfolger auszumachen. Die Gruppe hatte sich vergrößert. Vielleicht acht Mann, die rücksichtslos alles niederwalzten, was ihnen in die Quere kam. Weiter. Noch fühlte Felix kein Zeichen der Erschöpfung. Er fühlte sich dem Mob überlegen. Dennoch musste er weiter. Schnell rannte er an den Geschäften der Straße entlang.

„Hierher! Komm hierher!"

In zwanzig Meter Entfernung winkte ein Mann aufgeregt mit seinen Armen. Sollte er zu ihm laufen? Er hatte keine andere Wahl. Rasch verkürzte Felix mit einem gewaltigen Sprint die kurze Distanz.

„Komm rein und versteck dich unter dem Tresen", sagte der Mann aufgeregt.

Felix hatte ihn nicht verstanden, doch der Mann deutete, wild gestikulierend, auf den Besenschrank im hinteren Bereich des Eiscafés Tondinis.

# 16

„Wieso habt ihr ihn nicht erwischt?", fragte der Anführer wutentbrannt. Seit einer halben Stunde saßen die Mitglieder der PARTEI im Lokal „Eiserner Gustav" und werteten die Ergebnisse der letzten Tage akribisch aus. Noch nie hatten die anwesenden Wutbürger den Anführer so wütend erlebt.

„Er war verdammt schnell."

„Unsinn. Ihr ward zu langsam. Mit acht Mann jagt ihr einem Asylanten hinterher und schafft es nicht, ihn zu erwischen?"

„Wir haben aber den anderen erwischt."

„Oh ja? Großartig. Soll ich euch loben, ihr Saftärsche? Ihr habt einen, ich wiederhole, nur einen von den vier Kanaken erwischt".

„Der liegt aber jetzt im Krankenhaus."

„Es hätten vier im Krankenhaus liegen müssen! Versteht ihr? Vier! Und nicht einer!"

„Heute Abend wird sich alles zum Guten entwickeln."

„Das hoffe ich", sagte der Anführer mit grimmiger Stimme, "das hoffe ich doch sehr. Heute Abend werden wir in die Geschichte eingehen.

## 17

„Sie kommen! Mein Gott! Sie kommen schon wieder! Wird es denn nie ein Ende haben?"

Wie immer, wenn es dunkel wurde, stand Khadija lange Zeit am Fenster und schaute auf die Straße hinunter. Erst wenn der Wald einen dunklen Schatten warf und in die dunkle Nacht einzutauchen und in ihr zu versinken drohte, hatte Halim Erfolg, Khadija vom Fenster wegzulocken. Doch dieses Mal sollte sich Khadijas Befürchtung bewahrheiten.

„Sie sind da! Ich habe es gewusst! Oh Allah, steh uns bei!"

Sie alle waren an das Fenster geeilt, in der Hoffnung, Khadija Unrecht zu geben, doch der Anblick der vierzig oder fünfzig Schwarzhemden, zusammen mit einer nur etwas geringeren Anzahl von Totenköpfen, die unten auf der Straße versammelt waren, ließ Paul und seine Freunde fürchterlich zusammenschrecken, wussten sie doch, dass sie dieses Mal keine Kieselsteine werfen würden.

# 18

„Lösch das Feuer, Halim!"

Khadija schrie auf, wies auf das brennende Bett hin, das zuerst Feuer gefangen hatte. Nala rannte verzweifelt zum Badezimmer. Womit sollte sie das Wasser transportieren? Verzweifelt versuchte Paul das Feuer mit seiner Jacke zu ersticken, doch die zweite Explosion erfolgte, als Halim Paul zur Hilfe nahte.

„Vorsicht Halim!"

Die benzingetränkte Flasche explodierte unter dem Tisch und versenkte in einer Stichflamme den Linoleumboden.

„Wir müssen raus!" schrie Khadija.

Von überall her drangen verzweifelte Schreie zu ihnen herüber, während draußen der Mob den verheerenden Erfolg ihrer Brandbomben jubelnd quittierte.

„Nala!"

Paul schaute sich im brennenden Zimmer um. Die blauen Vorhänge hatten Feuer gefangen. Langsam krochen die blauweißen Flammen an den Vorhängen hoch. Die Rauchentwicklung wurde unerträglich.

„Nala!"

„Ich bin hier!"

Nala kam mit einem wassergefüllten weißen Plastikeimer aus dem Badezimmer und schüttete das Wasser über das in Flammen stehende Bett. Doch es half nichts. Sie hustete. Der Rauch schmerzte in ihren Lungen. Die grauen Rauchschwaden reizten die Atemwege.

„Raus!", schrie Paul, von einem Hustenanfall ergriffen, „wie müssen raus! Es hat keinen Zweck."

„Wo ist Khadija?"

Panik ergriff Halim.

„Khadija."

Halim war auf den Boden gesunken und kroch unter den dichter werdenden Rauchschwaden ins Badezimmer, wo der Duschvorhang lichterloh brannte.

„Khadija!"

Bewegungslos lag sie in der Duschwanne. Mit aller Kraft griff Halim unter ihre Schultern und versuchte, ihren leblosen Körper aus der Gefahrenzone des giftigen Rauches zu schleifen.

## 19

„Halim!"

Paul hatte eine schreckliche Panik ergriffen. Felix und Nala, der auf sie aufpasste, waren bereits im Korridor. Doch wo waren Halim und Khadija?

„Halim!"

„Paul!"

Im Bad. Halim war im Bad! Hustend kroch Paul mit letzter Kraft am Boden entlang. Sein Haar war bereits versengt, doch er spürte die Schmerzen nicht. Immer noch zerrte Halim verzweifelt an Khadijas Körper.

„Khadija!"

Halim weinte. Mit letzter Kraft hoben sie ihren leblosen Körper vom Boden auf und taumelten zum Korridor hinaus, wo sie Khadija auf den Boden legten. Immer noch drängten fliehende Menschen den Korridor entlang.

„Ist sie tot? Ist sie tot?", schluchzte Halim und legte seinen Arm um ihren Hals. Doch sie hatten nicht viel Zeit. Die Rauchschwaden breiteten sich langsam im Korridor aus. Paul fühlte Khadijas Puls.

„Sie lebt, Halim! Sie lebt! Komm! Wir tragen sie hinaus. Der Rauch. Verstehst du?"

Halim schaute Paul mit seinen tränendurchnässten Augen überglücklich an.

„Du hast sie gerettet, Paul! Ich hätte es nicht alleine geschafft. Du hast meine Khadija gerettet."

Dankend legte Halim seine Arme um seine Schulter, der sie jedoch von sich wegzog.

„Los doch! Wir haben keine Zeit!"

Gemeinsam trugen sie Khadija die Treppen hinunter Das ganze Gebäude war nun in dicken Rauchschwaden eingehüllt. Unten angelangt, löste sich Paul von seinen Freunden.

„Warum hassen sie uns? Warum können wir nicht in Frieden hier leben? Warum können wir nicht endlich unsere Ruhe finden und hier ein bescheidenes Leben aufbauen?", rief Paul erschöpft und in hilfloser Verzweiflung in die Runde seiner Freunde, als von Weitem die Sirenen der Feuerwehr zu ihnen herüberdrangen.

# CHAD

**LIBYAN ARAB JAMAHIRIYA**

**EGYPT**

Plateau du Djado

TIBESTI

Aozou

Bardaï

Zouar

Séguédine

Bilma

ENNEDI

Dépression du Mourdi

BORKOU

Faya

Fada

**NIGER**

Koro Toro

KANEM

Nokou

BAHR EL GAZEL

Arada

WADI FIRA

Iriba

Bahia

Nguigmi

Mao

Salal

BATHA

Guéréda

Tiné

Biltine

**SUDAN**

Am Zoer

Abéché

Bol

Ati

Djédaa

Faciana

OUADDAÏ

Moussoro

Oum Hadjer

Massakory

HADJER-LAMIS

Am Dam

Goz Beida

Bokoro

Mongo

DAR SILA

**NIGERIA**

Maiduguri

N'Djamena

CHARI-BAGUIRMI

Massenya

Mangalmé

Abou Dela

Gélengdeng

Bongor

GUÉRA

Melfi

Am Timan

SALAMAT

Harazé Mangueigne

**CAMEROON**

Fianga

Pala

Kélo

Laï

Koumra

Sarh

MOYEN-CHARI

Kyabé

MAYO KEBBI OUEST

LOGONE OCC.

Moundou

Doba

MANDOUL

Maro

Moïssala

LOGONE ORIENTAL

Ngaoundéré

**CENTRAL AFRICAN REPUBLIC**

The boundaries and names shown and the designations used on this map do not imply official endorsement or acceptance by the United Nations.

CHAD

◉ National capital
◉ Région capital
○ Town, village
✈ Airport
— International boundary
—·— Région boundary
— Main road
— Road or trail

0   100   200   300 km
0   50   100   150   200 mi

Map No. 3788 Rev. 9   United Nations
March 2009 (Colour)

Department of Field Support
Cartographic Section